ほんとうの心の力

中村天風

PHP

まえがき

中村天風は、人間存在の根源を「心の有りよう」に求め、われわれの人生は「心の支配」を受けていると断じた。本書は、こうした観点から天風の言葉に注目し、人生を想い巡らす方々のために、わかりやすく、しかも心に響く言葉の収録に努めた。

一人でいても、寂しくない人間たれ。こうなれば、オーラがからだを包み、それに魅かれて多くの友が集う。自然体に生きるとは、こうしたことだと天風は述べている。

最近、武士道が注目されているが、天風の言葉にも、その精神に係わるものも多い。しかし、注意せねばならないのは、明治政府が軍隊組織のために捏造した、明治以降の「武士道」精神ではない。天風哲学のそれは、宮本武蔵『五輪書』を範とした、武士の思想であり、生活の信条である。この精神をベースに、インドのヨガの里における、艱難辛苦の修行の成果をブレンドし、さらにいくつかの思想や宗教を「打って一丸」として、心身一如を具現化する考え方と手法を集積したものである。

わたしは、学生時代に天風から、武士道の基本として『五輪書』を読むことを薦められた。最近の武士道ブームによる、多くの関連書物のいくつかを読んで納得している。私利私欲を離れて、天風の言葉に触れるとき、あなた自身に潜在するファッションセンスが光り輝くに違いない。

言葉の選定から出版まで、ＰＨＰビジネス出版部はもとより、財団法人天風会評議員の堀田亜希子さん（有限会社アールイメージ代表取締役）、財団編集室の北村知之君に協力いただいたことを追記し、厚く御礼申し上げる。

二〇〇六年五月

編者代表　合田周平（電気通信大学名誉教授・工学博士）

目次

困難に出会ったときに

強い心をもつために

健康に生きるために

幸福な人生をおくるために

よりよい仕事をするために

真実を見極めるために

＊本書は中村天風の著作物および講演録より言葉を抜粋引用したものです。引用に当たっては、意味を損なわない範囲で、文章の再編集、語句の言い換えをしている箇所があります。

運命をひらくために

生まれながらに

人としてこの世に生まれ、人間として人生を生きるために、第一に知らねばならないことは、人間の〝いのち〟に生まれながら与えられた、生きる力に対する法則である。自分の命の中に与えられた、力の法則というものを、正しく理解して人生を生きる人は、限りない強さと、歓喜と、沈着と、平和とを、作ろうと思わなくても出来上がるようになっている。一番先に我々はそれを知らなければならない。

ただ、はっきりと気がつかなくても、我々の多くは、こうしたことを求めていたに違いないのである。求めても、どうしても自分の心にキャッチすることができなかったのは、我々のいままで受けた教育教養が、科学的な方面のみに片寄ったものであったからなのである。1＋1＝2という、この算数的やり方で教育された結果として、論理思索を進めていこうとする計画に、いつも失敗しているのである。

我々の心が、あることを考え始めたときに、どこまでが考えている心で、どこまでが考えられている心かという区別がつかない。一言でいえば、哲学的思索に馴れていない。そのために自分の生まれながらに与えられた生命の力に対する法則は、本能的に知っているはずの事柄であるにもかかわらず、それをわからずにいるのである。

心は秘密の玉手箱

あなた方は常によく心の働きを利用して、自分の人生の改善や幸福のために役立てるべく、最善の努力を尽くさなければならない。そのためには、自分の命のなかにある心という偉大な力あるものに、大きな苦労をかけないで、その働きをスムースに運転させるようにしてやるということが必要なんだ。それが人間として、正しい人間として、まことの人間としての当然の行為ぞ。当然の行為は責任でも義務でもないんだよ。当たり前のことなんだ。

およそ、人間の心のなかの思い方、考え方というもの、いわゆる「思念力」というものは、それはそれはすごい魔力のような力をもっているということを知ってなければ駄目だよ。魔力のような力をもって、もっともっと幸福に、もっともっと恵まれた人生に生きられるように生まれてきていながら、まだ意に満たない人生に生きている人が随分いるんじゃないかしら。だからそれを忘れないようにしなければ駄目だぜ。

人間の地獄をつくり、極楽をつくるのも心だ。心は、我々に悲劇と喜劇を感じさせる秘密の玉手箱だ。

天命と宿命

運命には、どうしても逃《のが》れられないものと、それから逃れられるものとあるんです。つまり、身をかわしきれないものとかわし得るものとある。

かわしきれない運命は「天命」という。絶対的なもので、これは人力ではどうにもしようがないもの。女が女に生まれ、男が男に生まれたのも天命。この現代に生まれたのも天命なら、昔に生まれたのも天命。また末の世に生まれるのも天命だ。これはどうともすることはできない。

しかし、絶対に逃れることのできない天命的なものばかりが人生に襲いかかるんじゃない。多くの人が苦しみ悩む、いわゆる運命は「宿命」なんだ。宿命というのは、人間の力で打ち拓《ひら》いていくことができるもの、絶対的でない、相対的なものなんだ。

ところが、今の人は、打ち拓くことのできる宿命にぶつかったときでも、それを天命と言う。自分の努力が足らないことは棚に上げて、どうにも仕様がないと言うのである。

そういう人間が人生に生きるとき、ただ偶然ということのみを頼りにして、その結果、自分じゃ気がつかないが、いつか自分の心が迷信的になって、すぐ神や仏にすがりつこうとするのである。

宇宙の因果律

考えてみよう。怒ったり、悲しんだり、悶《もだ》えたり、迷ったり、苦しんだりしているときに、気持ちがいいか。

静かに、我が心に「心に憎しみはないか、怒りは、悲しみは、嫉みは、悶えは……」と問うてみよう。宇宙には因果律という法則が厳として存在している。だから、そういう心持ちでいる人は、いつまで経っても本当の安心立命は出来はしない。美しくしておくべき心の花園に、自分から汚物を振り撒《ま》いて歩いているようなことをして、それを、「天命だ。あるいは逃げることのできない、せっぱつまった業だ」などと考えている人があるなら、結局その人は人生を、寸法違いの物指しで測っているのと同じような結果を、作っているようなことになる。だから、良い運命の主人公として生きていきたかったら、何を措《お》いてもまず、心を積極的にすることに注意深くし、終始自分の心の監督をしていかなければならない。

宿命を統制するにはもう一つ必要なことがある。それは、常に、心の中に感謝と歓喜との感情を、もたせるよう心がけることである。何でもいいから、感謝と喜びで人生を考えるよう習慣づけよう。

笑いはこの上ない開運剤

人間は万物の霊長として創造の大使命を行うがために、この世に生まれたのでありますから、一面においては他の生物とは比較にならないほどいろいろな恩恵を授けられています。が、またその反面においては、その人生に重い大きな負担を負わされています。したがってその実際生活を営むとき、それはもう、はかり知れない苦しみと悩みとがあるのです。

そして、〝笑い〟というものは、その苦しみや悩みに疲れる心や体を、「ほどよくこれをもって調和せよ」ということで、人間にだけ与えられた特別なものに他ならないのです。その証拠には、苦しみや悩みに襲われたようなとき、何かおかしなことがあって思わず笑えば、どれだけその苦しみや悩みが軽くなるかわからないでしょう。

第一、いつもニコニコしている人に病弱の人いますか？　笑顔で悲観している人や、その精神を消極的にしている人いますか？　事実において、ニコニコ笑顔の人のそばにいるのと、難しいしかめっつらしている人のそばにいるのと、あなた方はどちらが気持ちいい？　笑顔の人のそばにいると、何となくチャームされ、多少の悩みや悲しみがあっても忘れてしまうでしょう。

笑いは無上の強壮剤であり、また開運剤なんです。

つまらない考え方

心の弱い卑怯《ひきょう》な人になると、「何か自分には運命が向いていない」だとか、「世間がまだ本当に認めてくれない」だとか、もっとあきれた奴になると、「設備が整っていない」だとか「誰々が手伝ってくれない」とか、何かうまくいかないときに、みんな、自分以外のもののせいにする人がいますが、とんでもない了見違いですよ。

もっとはっきり言えば、やれ運命がつまらないの、人生がつまらないのって人は、その考え方がつまらないんです。

いいですか、幸福も健康も成功も、ほかにあるんじゃないんですぜ。

あなた方自身のなかにあるんだぜ。

運が向こうから、皆さんのほうへお客のように来るんじゃないんですよ。すべての幸福や好運は、自分が呼び寄せなければ来やしないんです。

自分が呼び寄せるというのは、自分の心が積極的にならないかぎりは、呼び寄せられないんです。

もっとやさしくいうと、幸福や好運は、積極的な心持ちの人が好きなんですよ。

チャンス

古訓《こくん》にも、「チャンス」を逃す者は愚人である、というのがある。

また「真によく成功する者は、常にチャンスを巧みに捉える人である」というのがある。ところが、誰でもが知っているはずのこの言葉通りに「チャンス」というものを、いつも正確に逃さずに捉えて人生に生きている人が、どの位あるであろうか。

「しかも『チャンス』というものは、そうしばしばは、容易に恵まれないものである」

要するに、運命であれ、健康であれ、それをより良い状態にするには、特に更生の「チャンス」を絶対に逃さぬことである。そして「チャンス」に対しての必要な注意は、常にそれを見逃さないようにすることと、もう一つは、チャンスに直面した際、無駄に迷いためらわないことである。即ち颯爽《さっそう》たる決断力をもって、万難を排して、これをキャッチすべしである。これぞ、愚人の轍《てつ》を踏まない、最良の手段である。

心に施す技術

一切の人生を完成せしめるゴールデン・キーは、想像力という心のバイブレーションを受けて強固になる信念の力ひとつです。

そのためには、潜在意識のもっている素晴らしい作用を、実在意識からうまくコントロールしていく方法を活用することです。少し理屈っぽいことを言うようですが、そもそも心というものの行う思考の直接の源は、多く言うまでもなく意識ですね。その意識には「実在」と「潜在」の二つがある。

実在意識は思考や想像の源をなして、潜在意識は力の源という役割を行うのです。だから、潜在意識は他から入ってくる印象の貯蔵所でもあると同時に、また経験したことをしまっておく倉庫でもある。

もっと簡単にわかりやすく言うと、潜在意識は人間の生命を生かし、また守る貴重な役割を実行すると同時に、実在意識の思念するものを現実化するよう自然に努力を行う傾向がある。

だから、現在を生きがいのあるものにするには、心に施す技術、いわゆる想像力を応用して自分の念願、宿願をはっきりと心に描くことを絶え間なくやるという技術に完全に熟達しなさい。上手になりなさい。

現実の力で解決する

多く言うまでもなく、人生はどこまで行っても現実の世界なんだから、これを忘れちゃいけないんだよ。死んでから後が人生じゃないんだから。死んでから後のことまで考えようとするのは宗教なんだ。天風哲学は死んだ後のことなんか考えやしないもん。死んだ後というものは明日以後のことなんだもんね。現在ただ今生きてるこの人生というものを考えていくということが私の主義であり、主張であるんだから。

生きていることは現実なんだ。どんな人間でも今現在、自分自身で死んでいるとは思いやしないだろ。生きている、息してる、血がかよってる、ものを言ってる、糞しょんべんたれる、恋をする、何じゃかんじゃ、みんな現実なんだ。現実はどこまで行っても、現実の力以外のものでは解決できないんだよ。

べつに私は宗教をけなすわけじゃないんだけれども、ただ、見えない、わけのわからないものにお頼みして、おすがりして、それを現実だと思っている人は、観念のなかに、ある錯誤があるんです。どこまで行っても、つねりゃ痛い、ひっかきゃ痒《かゆ》い、切りゃ赤い血が出るこの生命を生かしている刹那《せつな》、刹那は、宇宙真理という現実のもので解決していかなきゃいけないのであります。

天は自ら助くる者を助く

「天は自ら助くる者を助く」という言葉は、古くからある言葉だぜ。それを、自らを助けないで、自分というものをつくればつくられるのに、少しもつくらずにいて、そして、やれ病がどうの、やれ運命がどうのって言ってる人間は、早い話が物好きにそういうことをやってるとしか考えられないじゃないか。

たとえば、右見れば繚乱たる花園があり、左見ればゴミや糞がごろごろと転がっている。転がっている方面ばかりが見えるというときに、右見てればいいじゃないか。右見てれば、目にうるわしい花が己をたのしませてくれるのに、左ばかり向いていて、なんてこの世は醜いもんだと考えてる奴があったら、その人間を褒《ほ》めるかい?

自分が嫌な運命のなかに生きてる場合でも、注意がもっと良い運命の方に振り向けられていれば、たとえどんな運命のなかにいたってそれを気にしなくなる。

幸福を本当に味わおうと思う秘訣はここにあることを考えなければ駄目だぜ。本当の幸福が味わいたいんだろ?

新しいバースデイ

「縁あって人間世界に生まれてきた以上は、できるだけ強く長く、そして広く深く、健康も運命も完全に生きなければ二度と出てこれない世界だ」、とこう気づいたら明日からおいでなさい。

命が大事か大事でないか親類会議を開く必要も何もないことです。ご自身で考えなさって、本当に命が大事だと思う方は、人生に対する本当に階級の高い理念が心のなかに閃《ひらめ》きだした人なのであります。

そして、人生という現実の世界に生きる自分を、本当のリアリストとして生かさなければだめです。夢うつつのような、おとぎ話のような、自己欺瞞《ぎまん》で人生を過ごしてしまったのでは、二度と繰り返すことのできないこの人生、もったいないです。

あっそうか、と気のついた時が新しいバースデイであります。

自己に新しい百八十度のコンバージョン（転換）を与えるバースデイをつくるかつくらないかは、あなた方の自覚に待つのみであります。

言葉ほど暗示力をもつものはない

真剣に考えよう！　実際人間が日々便利に使っている言葉ほど、実在意識の態度を決定するうえに、直接に強烈な暗示力をもつものはない。このことを完全に理解し、かつこれを応用して生きる人は、もはや立派に人生哲学の第一原則を会得した人だといえる。

何故か！　それは人生というものは、言葉で哲学化されているからである。すなわち言葉は人生を左右する力があるからである。この自覚こそ、人生を勝利に導く最良の武器である。われらはこの尊い人生の武器を巧みに運用し応用して、自己の運命や健康を守る戦いに颯爽《さっそう》として、輝かしい希望に満ちた旗を翻《ひるがえ》しつつ、勇敢に人生の難路を押し進んで行かねばならない。

そしてこの目的を実現するには、常に言葉に慎重な注意を払い、いかなるときにも、積極的以外の言葉を使わぬよう心がけることである。それが人生哲学の第一原則である暗示の法則を立派に応用したことになり、期せずして健康も運命も完全になる。

寝がけは尊い人間に

昼間、起きているときには、われわれの暗示感受習性というものは、われわれが、ああ、いいな、これは共鳴するわ、と感じたこと以外のものは、潜在意識の中に入らない。やってごらん。

ところが、夜の世界だけは、特に寝がけに、寝床の中に入ってからは、この精神のアンテナというものは、無条件に、よいことでも悪いことでも、もうすべてが、差別なく入りこんでしまう。だから、いいことを考えるんだ。嘘でもいいから、俺は優れた人間だ、俺は思いやりのある人間だ、俺は腹の立たない人間だ、俺は憎めない人間だ、俺は焼きもちを焼かない人間だ。こう思えばいい。

それを寝がけによけい腹を立ててる奴がいる。昼間、興奮している間は思い出さなくて、寝がけになって思い出しやがって、「あん畜生、あんなことしやがった。ざまァ見やがれ」、もう一ぺん起き上がって腹を立ててる奴がいる。夜の寝床の中だけは、神の懐《ふところ》の中へはいったような、おだやかな気持ちになってごらん。今夜から、寝がけだけは絶対に尊い人間になるんだ。毎晩尊い人間になったからといって、税務署から調べに来たなんてことはない。どんなに体にいい結果が来るか、やってみたものだけが知る味だ。やってごらんなさい。今夜から。

平《へい》然《ぜん》自《じ》若《じゃく》

何でもないときは矢でも鉄砲でももってこいという気になるけれども、健康上に故障があったり、運命上に少しでもままならないことがあると、そういう場合こそ、より一層心の態度が積極的であらなきゃならないのに、すぐ青菜に塩みたいになってしまう。こういうのを積極的態度というんじゃないんですよ。どんな場合があっても積極的というのは、心の尊さと強さと正しさと清らかさが失われない状態をいうんです。

つまり、どんな大事に直面しても、どんな危険な場合に直面しても、心がいささかもそれによって慌《あわ》てたり、あるいは恐れたり、あがったりしない、いわゆる平然自若として、ふだんの気持ちと同じようにこれに対処することができる状態。そういう気持ちになってこそ、はじめて人間として立派な仕事をやりとおせ、自分の人生を立派に生きることができるんです。

昔の歌に「晴れてよし　曇りてもよし　富士の山」というのがあるね。富士山というのは、天気だろうが、曇って雲がかかろうと、そのもとの姿は変わらない。あの状態、あれがいわゆる絶対積極の気持ちなんです。

理性はあてにできない

理性という心は、人間だけに与えられたもので、ものの善悪、是非、邪正、曲直《きょくちょく》というものを分別してくれる心です。

世の多くの人々は、理性だけを標準として、ああでもねえ、こうでもねえと考えて、心のもつれの一切を解決しようとする。また、そういう力を理性がもっているがために、人生の一切はこの理性に任せて生きることが、また生きてこそ一番安全だというふうに思い違いをしているんです。

理性というのは、一日一分といえども、同じ状態でいないんです。つまり、昨日の理性と今日の理性は違うんですよ。よくあるだろ? おといい考えたことを、今日考えてみたら、ああ、あれよりはこのほうがいいな、というふうに考え直すことありゃしない?

それは結局、理性というものは向上し、発達し、変化するからなんです。だから、今日、自己の理性で判断して、是なりと思ったことも、明日になって、さらに理性の発達にともなって、あるいはそれが全然反対に非となる場合だって往々にしてあるんですぜ。

だから、変転変化極まりなき発達性をもっている理性のみを標準にして生きようとする計画は、狂っているコンパスをあてにして航海をするよりまだ危険なんですよ。

精神の態度で

ここで、「人生と積極精神」という、極めて大切なお話をしようと思うのであります。健康も長寿も運命も成功も、いえいえ、極論しますと、人生の一切合財《いっさいがっさい》がすべてこの積極精神というもので決定されるためなのであります。

たいていの人がこの真理に目覚めておりませんから、健康や長生きというような問題は、肉体に施す手段や方法が、何よりも重大であるように思い、また運命や成功というようなことも、まず学問とか、あるいは経験とかを充分に豊富にしなければいけないように思い込んでいる。それはもちろん、そうした事柄も決して不必要なことじゃありません。むしろ必要なことに相違ありませんけれども、厳格に申すと、それは第二義的なものなのです。

第一に必要とする事柄は、精神の態度であります。

心が積極か、あるいは消極かで、人生に対する考え方がぜんぜん両極端に相違してきてしまう。心が積極的であれば、人生はどんな場合にも、明朗、溌剌颯爽《はつらつさつそう》、勢いの満ちたものになりますけれども、反対に消極的だと、人生のすべてがずっと勢いをなくしてしまいます。人生を考える自分の心が消極的だと、すべてが哀れ惨憺《さんたん》、光のない、惨《みじ》めなものに終わりゃしませんか？

六つの力

「心身統一法」というひとつのドクトリン（教義）は、健康と運命とを完全にする生命要素というものをつくることを、そのプリンシプル（根幹）にしているのであります。

生命要素とは何かというと、ひらったい言葉で申し上げると、健康や運命を両立的に完成するのに必要な「生命の力」であります。私はこの力を便宜上、六種類に分けて説明しています。

心身統一法によってその内容量を増やす力、第一が「体力」であります。第二が「胆力」、第三が「判断力」、第四番目が「断行力」、第五番目が「精力」、第六番目が「能力」。

たとえ懐《ふところ》に一文もなくとも、これだけの六つの力が自分の生命のなかに内容量豊かになれば、人生はまるで天馬が空を行くように順調なものであります。それこそ矢でも鉄砲でももってこいというような気持ちで生きられる。

健康はもとより運命までも順風に帆をあげたような毎日が味わえれば、心に不平も起こらないし、煩悶《はんもん》もなく、大した度外れな欲望も出ず、ひにち毎日が何とも言えない明るい恵まれたものに感じられて生きられるのです。

困難に出会ったときに

苦しみも微笑みに

悲しいことやつらいことがあったとき、すぐ悲しんで、つらがってちゃいけないんだよ。そういうことがあったとき、すぐに心に思わしめねばならないことがあるんだ。

それは何だというと、すべての消極的な出来事は、我々の心の状態が積極的になると、もう人間に敵対する力がなくなってくるものだということなんだ。

だから、どんな場合にも心を明朗に、一切の苦しみをも微笑みに変えていくようにしてごらん。そうすると、悲しいこと、つらいことのほうから逃げていくから。

人の運命というものは、油断すると、常に本能と手を組んで歩こうとしているものなんだ。そして、消極的な出来事は絶えず、不用意な人々の周囲を徘徊してるんだよ。だから、運命の力をほどよく制御したかったならば、自己の本能の分別ない行動を正しく制御しなきゃならない。

苦しいとか悩ましいとかいうのは、みんな本能の踊り子に自分の心がなっていたための結果だよ。

幸福を感じられる人

本当に幸福を感じ得る人というのはどんな人か。

どうだい？　あなた方のなかで、幸福を感じてるほうが多いか、不幸を感じてる場合のほうが多いか。自分自身は自分自身がよく知ってるから、知ってる自分を対象物として、これから私の言うことを聞いてごらん。こういう人が本当の幸福を感じて生きている人なんだ。

その心のなかに絶えず高尚な積極的観念が熱烈に燃え上がって生きている人。どう？　そういう人は、よしんば仮に、はたから見て大きな不幸だなあと思うようなものがこようが、悲しみがこようが、すべてをその高尚で積極的な心的態度で美化、善化して、幸福化してしまっているのであります。本人が幸福化している以上は、不幸はありゃしない。

幸福というものは主観的断定だもの。

悩みは無意味なもの

およそ悩みという心理現象くらい人生を暗くするものはない。

したがって、人生に対する哲学的最高理想からいうと、この心理現象は、人類に対してはむしろなくてよいものだと言いたい。

否、反対に、人間である以上は、何かしらの悩みを心にもっているのが当然だと思い決めている。中には、悩みを持たぬ人間なんていうものは、人並みの人間ではなく、極度に神経の鈍《にぶ》い愚か者か、さもなくば、何の不自由も不満も感じない恵まれきった人生に生きている幸福な人か、完全に人生を悟っているという、極めて稀有《けう》な優れた人だけのことで、普通の人間である限りは、断然そんな「悩み」のない人間などというものは、この世にあろうはずのないことだと、思いこんでいる人さえある。

しかしあえていう。もしもそうした考え方が、正しい真理だとするなら、およそ人生くらいみじめなものはないといわねばならない。人間の心は、真理に合致して積極的であり得るならば、「悩み」という人生を暗くするような消極的な心理現象は、その意識領域の中に絶対に発生しないという価値高いものが、自己の生命の中にあるということを、正しく認めていないからである。

すべてのことに感謝しよう

たとえば、事業に失敗したときでも考えなさい。「俺は運が悪い」と思わないで、「事業をする場合の心構えなり、方法なりに、大きな間違いがあったことを、天が教えてくれているんだなあ」と。そして、「どこかに筋道の違っているところがあるんだ。ありがたいことだ。このままつぶれてしまっても仕方がないのに、生かしておいて下されば、盛り返すこともある」と思うことだ。

だから、心がけを取り替えて、すべてのことに感謝しよう。そして、こうして生きていることに対する歓喜の気持ちをもとう。

感謝と歓喜の感情は、大宇宙に正しい力を呼びかける、最高にして純なる合図ともいえる。否、それは、我々の運命や、健康や、成功などを建設し、または成就してくれる、大宇宙の力の流れを、命の中へ導き入れる〝筧《かけい》〟のようなものである。だからこそ、何事にも感謝せよ、歓喜せよというのである。

不平不満を口にすることは

いったい、多くの人々の常識の中には、不平不満を言うということは、人生少しもはずかしいことでなく、むしろ、当然のことで、かつまた、人間共通的のことであるように思考している傾向がある。

中には、人間が不平不満を感じ、かつこれを口にするからこそ、人間世界に、進歩とか向上とかいうものが、現実化されるのだというような極端な誤解を、誤解と思っていない人すらある。これは、ちょうど、疑うからこそ、正邪の区別や、普通では、理解することのできない真理も、発見できるのだという考え方と同様の誤解である。

というのは、不平や不満を口にする悪習慣は、人にいたずらに煩悶や苦悩を心に多く感ぜしめるだけで、それ以上人生に、価値ある収穫を招来しないということに想到《そうとう》すると、それが誤解の証拠であると必ず考えられるからである。

悲しさにも情味はある

特に知っておきたいことは、生活の情味というものは、楽しい事柄のなかにのみあるものではない。悲しいことのなかにも、また悲しいことがらのなかにもある、まして人間世界の階級差別に何ら関係はないのである。

否、むしろ富貴や地位に生きるものは、生活の情味を、そうしたものの中から獲得しようとするために、真の味わいを味わいがたい。したがって真の幸福というものを味了《みりょう》することも容易ではない。

だから、この真理を厳粛に考察して、われわれはできる限り、広くかつ深く、生活のなかから情味を見出すことに努めよう。

要は心の力を強めることである。さすれば、吾人《われわれ》の命の生きる範囲は多々益々拡大され、内容もいよいよ豊かに、そして自然と幸福も分量多く感得される。

たった一人でも正当は正当

誰でもが、「自分の思っていることに間違いはない。その証拠には、病があったり、出来事があったりすると、すぐ心のなかが、平静であるべき場合に平静でなくなって、怒ってみたり、あるいは悲しんでみたりするのが、百人が百人、同じじゃないか。だから、自分の現在もっている心の状態に間違いはない」と、思っちまう。

しかし、百人のなかで九十九人が間違っていても、間違いは間違いなんです。百人のなかでたった一人が正当を行っていれば、数が少なくても、正当は正当なんです。わかります？

人数が多ければ、間違いも正しいもののようにされちまうのは、議会だけなんです。あの議会ってのは重宝ですよ。どんなに間違っていても、不当なことでも、人数が余計あれば、もうそれで決定しちまうんだから。が、人生はそういうわけにはいかない。

ところが、人生も議会と同じように考えているのが現代人の常識じゃないか。「俺が思うこととあいつの思うことは同じことじゃないか。いつもそう思ってりゃ、みんな同じだ。だから、どうだ、俺の考えは間違いないだろう」とこうなっちまう。

そうすると、みんな間違いを間違いでなく、正当だと思ってる間違いを、あくまでも訂正しないで一生を生きちまうんだ。

心が喜ぶ想像

人間は、暇なときがあるんだから、たとえ二分でも三分でも、そういうときは静かに、気が散らないように目をつぶりながら、自分の楽しめるような、喜ぶような想像を心の銀幕に描くということが必要なんだ。

たとえよしんば、現実どんな病にかかっていようと、どんな悪い運命にいようと、心がそれから離れているときは、それがあるもなきに等しいということを、考えなきゃだめなんだよ。

その証拠には、今日、明日死ぬという病人でも、グッと前後も知らず寝ているときは、その人はもう重病人じゃありませんよ。感覚的には何にも感じていないんだ。

まして、悲惨な境遇のなかにいても、自分の気持ちのなかに、ある時間内だけは晴れやかな気持ちをもたせりゃあ、その時間内だけは晴れやかであったということになるだろう。すべてキャンセルした後のトータルを見てごらん。

こういう非常に奥深くはかり知れない哲学的消息があるということを、まず第一番に悟らなきゃ駄目なんだよ。それが結局、常に心を積極的にしっかりと保っていく秘訣なんであります。

解決策より気持ちを顧みる

たとえば、自分が将来やりたいことを人に相談したら蹴《け》られたり、また自分の思ったことが思うようにできなかったときなんかには、普通の人間だったら誰でも、失望や落胆があるね。そういうときに、今までと違った思い方をすることが秘訣の第一だな。

あなた方はたいてい、何とかして自分の現在の失望、落胆したことを取り戻そうと、その出来事なり事情を解決するほうへ手段をめぐらすことが先決問題だと思うだろう。それが間違いなんだよ。

一番必要なことは、もしもこの出来事に対して意気を消沈し、意気地をなくしてしまえば、自分の人生は、ちょうど流れのなかに漂う藁《わら》くずのような人生となって、人間の生命の内部光明が消えてしまうということをしんから思わなきゃいけないんだよ。

失望や落胆をしている気持ちのほうを顧みようとはしないで、失望、落胆をさせられた出来事や事情を解決しようとするほうを先にするから、いつでも物になりゃしない。

つまり順序の誤りがあるから駄目なんだ。いいかい、ここのところをしっかり心得ておくんだよ。

およそ人生の一切の事件は、ほとんどそのすべてが自己の心の力で解決される。

平安を確保しえた心

何事があろうが、病難に襲われようと、運命難に陥ろうと、心がこれを相手とせず、またかかわり合いをつけず、いいかえると勝とうともせずまた負けようとも思わず超然として穏やかな状態となって初めて、理想とする積極心＝平安を確保しえた心的状態＝絶対的の強さをもつ心となり得るのである。

それから、今一つ、特に必要なことは、たとえ自己自身の心がそうなりえたとしても、いかなる場合にも自己の心的状態で、他人の心的態度をおしはかっては断然不可であるということである。

これをもっとわかりやすくいうならば、自分に対しては、常に厳然としてつつしまねばならぬことは何よりも必要のことであるが、自己以外の人に対しては、あくまで清濁《せいだく》併《あわ》せ呑《の》むという寛容さを失ってはならない。

同情するという悪い習慣

病を心配している者、あるいは運命に泣いている者、恋に悩んでいる者があると、そこに行って、理由のない同情をして相づちを打つことによって、何か人間としての、お互いの交わりに対する義務のようなものを感じる人がある。「病のときなんか無理もないわよね、そんな病に。わたし感心しているのよ。あなたなんか、まだ気に掛けないほうだわ。痛いでしょう、つらいでしょう！」なんて言葉が礼儀だと思っているが、それはまったく毒汁をなすりつけ合っていることだと気がつかないんだ。

人々はそういうことを考えないで、何でも、心配や悲観のなすりつけ合いをすることのほうが、同情的な、つき合いの豊かな人間のように思ってしまう。そして、悪い習慣を悪い習慣と気がつかない。運命共通の通有性のように間違えて考えてしまうと、人生の光明は、ますますその光を衰えさせて、結局は闇になるだけのこと。

本人の運命に対して、本当のまごころから目を覚まさせてやる努力をする人こそ、尊い存在だと言いたい。暗闇のなかに目隠しをして飛び込んで暴れている人間を、そのうち明るくなったら目が覚めるだろうというふうに見ていたら、これは無理ですよ。早く窓を開けて明るくしてやって、目隠しを取ってやらなければ。

みだりに生きない

生きている以上はみだりに死ぬことは許されない。と同時に、みだりに生きることも許されない。

ところが、おおむね多くの人々はみだりに生きているから、人生の三大不幸という病や煩悶や貧乏というものに侵《おか》されがちだ。だから、病、煩悶、貧乏というのは、この論理から結論すると、自ら招いたことになりますね。

現在、病をもったり、煩悶をもったり、貧乏な人は、ここいらで反省しなきゃ駄目だよ。「ああ、そうか、私は貧乏神と縁が切れない人間かと思ったら、そうじゃなかった。自分で招いたことなんだ」。

そうですよ。あなた方のほうでもってウインクを与えるから、貧乏神が来るんだ。変なものにウインクを与えなさんなよ。

「玉磨かざれば光なし」の歌にもあるけど、石も磨けば玉になることがあることを忘れちゃ駄目だ。「私なんか駄目だ」と捨てちゃ駄目だ。百歩譲って、いくら磨いてても玉にならないとしてもだよ、磨かない玉よりはよくなるぜ。ここいらが非常に味のあるところじゃないか。

笑いの効用

悲しいことやつらいことがあったら、いつにも増して、笑ってごらん。悲しいこと、つらいことのほうから逃げていくから。

多く言うまでもなく、笑えば心持ちは、何となくのびのびと朗《ほが》らかになります。すなわち鬱《うつ》な気が開けるんです。試しに、おかしくもなんともないときに、「アハハ」って笑ってみてごらん。笑うにつれ腹が立ってくるとか、悲しくなってくるとか、つらくなってくるってことは、絶対にないんです。

この笑いの効用を応用すれば、すこぶるいい結果を人生に招くことができるんですよ。このことに気づいている人が少ないようですなあ。

考えてみればすぐおわかりになられることなのですが、そもそもこの笑いというものは、生きとし生けるすべての生物のなかで、我々人間にだけ与えられている特殊の作用なんですぜ。他の生物の世界には、人間のように笑うという表情をもって、心の喜びを表現する特別の作用は断然ありません。

こうした事実を厳粛に考えますと、笑いというものは人間にのみ与えられた特権だってことがわかるでしょう。ですから、これを本当に応用せず、また使わない人生に生きるというのは、あまりにも馬鹿げた話だと思いやしませんか?

悩みの原因

「悩み」という心理現象は、決して発作的に偶発するものでなく、必ずや、その心の中に、何かの取り越し苦労かまたは消極的な思考、すなわち憤怒、恐怖、悲観、憎悪、怨恨、嫉妬、復讐、憂愁、煩悶、苦労等々というような消極的感情情念によっておこる。その大部分は、潜在意識の整理が完全に施されていないからの結果なので、要約すれば潜在意識の整理が不完全だと、本能心意の中に不要なものが多分に存在することとなるために、それが素因となって、前掲のような種々の消極的感情情念となり、実在意識領域に発現し、その結果、いわゆる「悩み」という値打ちのない心理現象となるのである。

すなわち「悩み」のないときは、心頭に取り越し苦労というような思念現象も、またその他の消極的感情情念も少しも発生していない。だから、この現象に照らし合わせて考えるとき、明るい朗らかな人生に生きるのには、まず悩みという心理現象を心に持たせぬよう、平素正しい準備を施すことが、何よりも肝心なのである。

寝床で考えない

今夜から寝がけに、必ず、寝床の中へ入ったら最後、昼間の出来事と心を関係づけさせない努力をするんだ。人間、生きている間、自分がいくら朗らかに生きていようとしたって、はたから来る波や風は、これはもう防ぐことができない。そこが人生だ。

けれども、いったん寝床へ入ったら最後、どんなつらいこと、悲しいこと、腹の立つことがあったにせよ、明日の朝、起きてから考えることにするんだ。寝ることと、考えることをいっしょにしたら、寝られなくなっちまうぜ。どんな頭のいい奴だって、いちどきに二つのことを思いもできなければ、おこなうこともできない。たった一つのことしかできないはずだ。

寝るなら寝なさいよ。寝床に何しに行くんだ。考えに行くんじゃなかろうが。あそこは考えごとは無用のところだ。一日中、昼の間に消耗したところのエネルギーを、一夜の睡眠、夢ゆたけく眠ったときに、また蘇《よみがえ》る、盛り返る力をうけるところだ。

寝ている間、あなた方の命を守ってくれている大宇宙は、ただ守ってくれているばかりではなく、疲れた体に、蘇る力を与えてくれている。昔から言うだろう。「寝る子は育つ。よく寝る病人は治る」。その力をうけようとする前に、眉に皺《しわ》をよせて恨んだり嫉《そね》んだり、泣いたりするなんて、罰当たりなことはしないようにするんだ、今夜から。

強い心をもつために

強い心

心を強くするには体を強くしなければ駄目だ、という考えが、いまから五十年前にはあったな。こういう言葉があった。「健全な肉体にあらずんば、健全な精神宿る能《あた》わず」。よくない言葉だよ。もしも健全な肉体でなければ健全な精神が宿らないならば、体の丈夫な奴は、みな心が強いはずであります。ところが真理は厳粛です。

その体てぇものは、心が強くなければ決して強くなれない。心をおっぽり出しておいて、心はどんなに神経過敏でも、肉体だけがどんどん強くなるてぇことは絶対にない。健全な肉体は健全な精神によって作られるのであって、健全な肉体によって精神が作られるのではない。

もうひとつ千歩ゆずって、体が強ければ心が強くなるとしましょう。そんな心が頼りになりますか。なぜかというと、体の強い間だけの強い心だもの。体が弱くなってしまうと、心も弱くなってしまう。そんな心ならあってもなくても同じじゃないか。ふだん、つね日ごろ、なんでもないときにはなんでもなくてよいのであります。体が丈夫で、どこもどうもないときには、心が弱くても強くても関係ない。病や運命の悪くなったときに、それに負けない、打ち負かされない、しいたげられない強さと尊さをもった心がほしいのです。その心は体をあてにして作ったのでは作れません。

潜在意識の大掃除

とにもかくにも、消極的感情、情念を、自分の実在意識の中に発生させないようにしなければならないんだが、それがいけないと言われたそばから、発生させまいと思っても駄目。学者や識者、あるいは宗教家は、そういうときに、そういう思い方考え方をするからいけないんだと言うけれども、私から言わせれば、思ったり考えたりするのがいけないんじゃないんだよ。潜在意識の中に、そういうことを思わせたり考えさせたりするような、材料をため込んでおくことがいけないんだ。材料がなけりゃ出て来ないんだ。あるから出てくる。

考えてごらん。四斗樽に水をいっぱい入れておいたら、いつのまにか、ぼうふらがわき出したとする。これはいけないっていうんで、あとから新しい水をいくら入れても、よろしいか、ぼうふらの卵をとらないかぎりはいつまで待ってもぼうふらをなくすることはできないんだ。アパートを借りに行っても、空き部屋がなければ入れないのと同じこと。どんないいことでも、潜在意識の中に入りたくても、潜在意識の中は、ノー・ベケント・ルームなんだ。

だから何をおいても、まず、第一番に、潜在意識、すなわち心の奥の、大掃除をやらなければいけないんだよ。

人間と感情

「人間だから怒るのは当たり前だ」って言う人がいるけれども、どういうわけで人間なら怒るのが当たり前？　世のおおむねの多くの人々は、「怒ったり、泣いたり、怖れたりするのは、人間だからできるんだ。犬や猫や豚や馬でもやるかもしれないけれども、人間ほど繊細で、直感的な感情というものをもたないじゃないか」と言います。

そしてそういう人にかぎって、「人間は感情の動物なり」というような間違ったことを言っていて、間違ったことを言っていないと思ってる。「感情の動物だから、怒ったり、泣いたり、怖れるのは当たり前じゃないか」なんてね。屁理屈の出発点を間違えて、結論もやっぱり間違えて、正当なところへ到着するはずがないんですよ。

じゃあ人間とはなんだろう。正しい真理のうえから厳粛に言えば、「人間とは感情の動物」ではなく、「感情を統御できる生物なり」。これが本当の人間の姿なんであります。

しかるに、この本当の人間の姿だという真理のうえから、厳しくあなた方の人生生活を考えてごらんなさい。感情を統御するどころか、しょっちゅう感情に追い回されていやしない?

絶対的な積極

そもそも多くの人は、積極という言葉の意味を、消極に相対したものと考えています。英語で言うと、ポジティブとネガティブ、プラスとマイナスというふうに、消極に対しての積極というふうに思っている。

だから、時によると、積極精神というのは、何か強気な気持ちでという意味にとられて、がむしゃらに強がったり、強情はって頑張るということがそうだと思ってる人が多くないですか？　こういうのも、もちろん積極精神の一部だと言えないこともないけれど、これはあくまでも消極に相対しているものです。だから、「相対的な積極」なんであります。

私が教える積極精神というのは、消極というものに相対した積極でなくして、「絶対的な積極」のことなんです。心がその対象なり相手というものに、けっしてとらわれていない状態、これが絶対的な気持ちというんです。何ものにもとらわれていない、心に雑念とか妄念とか、あるいは感情的ないろいろな恐れとか、そういうものが一切ない状態。けっして張り合おうとか、対抗しようとか、打ち負かそうとか、負けまいといったような、そういう気持ちでない、もう一段高いところにある気持ち、境地、これが絶対的な積極なんですぜ。

信仰というものは

天は天を信じ、神に祈るものを助ける、という言葉はどこにもありません。祈ったり、頼んだりする心が、人間の頭からなくなった時に、初めて宗教は、本当の文化の形態を整えるでしょう。拝むべきもの、崇《あが》むべきもの、尊ぶべきものである。だから、どんな場合があっても、宗教を信仰するのは尊いよ。

信仰というものは、崇めて尊ぶだけよ。助けをお願いするのは信仰にならないんだぜ。信仰という字を考えてごらん。信は実在を信じ、仰は崇むということだ。だから、どんな場合があっても、そんなさもしい気持ちではなく、自ら、自らを守っていけばいいんだ。

ふだん、人生を生きるときに自分自身が自分自身を守る。一番の心がけとして、どんなことがあろうとも、自分の生命の状態に対して、消極的な方向から、これを表現する言葉を使わないようにすることだ。

精神の栄養

およそ我々の心のなかに生ずるいろいろな思い方や考え方、さらにその思い方や考え方をまとめてできあがる思想や、あるいは一連の観念というものの大部分は、外界から我々の目なり耳なり、あるいはその他の感覚器官を通じて、いつの日か知らずに、心のなかに受け入れられたいろいろの印象が、その原因的要素をなしているんです。

自分の五官、感覚器官から、いつ受け入れたってことは自分は知りゃしない。しかし、その受け入れた事柄が、現在の自分の観念や思想をつくっているんだということに気がつかなきゃ駄目なんだぜ。

つまりは、我々のこうやって生きている間、我々の周囲に存在するありとあらゆる事物、事象というものは、精神に対しての栄養物なんだということです。ちょうど肉体に対する栄養物と同様です。

肉体に栄養物を取り入れるとき、第一に必要な準備として、これは食っていいものか悪いものか、栄養になるかならないか、体のためになるかならないか、というようなことをよく吟味して食べるのが当然だってことは、誰でも常識でわかってますわね。

それだけ口から肉体に入れる食い物は用心していながら、精神に外界の印象を受け入れるときには、この半分も注意しないで受け入れてる人が多かない？

精神統一

たいていの人が、精神統一ということは、心の前にあらわれた事物事象なり、または仕事などに、他意なく一心不乱に心が注がれる状態をいうのだと考えているようだが、それは大変な間違いである。真の精神統一とは、心の前にあらわれた事物事象その他の事柄を、心のなかに集約集中することなのである。

考えてみるとすぐわかると思うが、心の前にあらわれた事物事象に、一心不乱に心を注いだことが精神統一ならば、何も格別修行の、努力のと苦労する必要もなく、誰でも容易にでき得るはずである。否、容易に日常実行しているはずである。

たとえば、何か非常に面白いものを見たり、聞いたりするときとか、目のさめるような美人を見たときは、あえて意識的に一心不乱にならずとも、自然とそうなり得ている。また、神経過敏の人などは、絶えず自分の健康や運命を気づかう気分に一心不乱である。

しかしこれなどは、どうして精神統一と言うことができよう。すなわち、それは傾注であり、執着であり、価値なき凝滞放心《ぎょうたいほうしん》の姿である。

精神統一とは、心を心の対応するものに捉わしめるのではなく、心にそれを完全に捕捉することなのである。要するに、傾注と集中とは全然正反対なのである。

内省検討とは

内省検討ということは、何事か思うにつけ、また考えるにつけ、現在自分の思っていること、考えていることが、果《は》たして積極的か、それとも消極的かということを客観的に観察批判することである。

多くの場合、たいていの人は、自分の心の前にあらわれた物事や現象に対し、何の分別もすることなく、すぐに慌てふためいて取り組んでしまう傾向がありはしないか？　したがって、そのときの自分の心の状態など観察しようともしない。また時とすると、今自分が怖れを感じているとか、悲しんでいるとか、あるいは怒っているとかということを意識していながら、少しもそれを積極的の方面へ転換しようとさえしないという、すこぶる念の入った人さえある。

しかし、それをそれでよいとしたなら、いつまでたっても、正しい自己啓発ということはできるものではない。常に自己の心的態度を厳《おごそ》かに監視するという心組みで、心のなかで行われる思考の状態を、果たしてこれでいいかどうかと、入念に考査しなければならない。

ただし、この場合のいいか悪いかの決定は、思考に関する事実問題に対する理由の是非でないことはもちろんなので、すなわち、その事実に対する心の態度が、積極的であれば「是」、消極的であれば「非」ということになるのである。

何かに頼ろうとしない

本当から言ったらば、宗教というようなものは、人間の心のなかに自分自身を強く生かすものを充分にもっていないがために、古代人が考えついたもので、人間が自分の心を自分で完全に統御、支配ができるものならば、宗教というようなものは生まれなかっただろうし、また同時に、人間が人間を考える哲学なんていう学問もけっして生まれなかったろうと私は思うのであります。

その証拠には、正しい人生真理を悟りえた人は、何ものかに頼ろうとか、何ものかにすがろうという気持ちはなくなっているでしょう。いわゆる自主自立の、人間としての尊い大精神がその心のなかで働いている人間には、健康的な出来事であろうと、運命的な出来事であろうと、すべて自分の生命の力で解決して生きる方法も手段も知っていますから、救われたいとか、すがりたいとかいう気持ちは断然ないに相違ないのであります。

そういう人間には在来の哲学も必要としないし、宗教に対しても、ただこの宇宙をつくった根本主体に対する尊敬はもっていますけれども、すがりつこう、頼ろうとする気持ちはありません。

厳粛な意味から言ったら、人間というものはそうして生きなきゃ本当じゃないんです。

二人の自分

人間には、つらがったり苦しがったりするほうの自分と、喜びと感謝で生きられるほうの自分とがあります。

心の中の、もう一人の自分を探し出して、たったいまから、どんな人生に生きようとも、矢でも鉄砲でも持って来い、俺の心は汚されないぞ。俺の心のなかは、永久に、喜びと感謝でいっぱいなんだ、という気持ちで生きてゆかれれば、その結果、どうなるか。

事実がきっと、あなた方に大きな幸福という訪れでもって、お応えすると思います。

健康に生きるために

治るときが来れば治る

フランスで風邪をひいたとき、私は医者にかかった。そして、いかにフランスの医者が肉体よりも心を大事にしているかということを知った。

熱が高くて苦しんでいると、医者が来て診察した。「それじゃ、また、二、三日たって来るから」「明日もまた来ていただけませんか」と言うと「そんな、風邪ひきくらいに、毎日来る必要はないでしょう」「では、薬は何をのんだらいいでしょう」「薬？　こんな病にのむ薬があるかね」と言う。「薬なんかいらない。温かいコーヒーなり紅茶なりを飲んで、寝ていれば心配ない。治るときが来れば治る。それが何よりの養生だ」と言う。

いままでの経験を考えてごらん。効かない薬を、のまなくていいのにのまされた覚えがありゃしないか。この医者の言葉でもわかるように、たいていの病はまず、心を強く、第一番に病を気にしないようにすることなんだ。

肉体は道具

肉体を自分だと思って人生に生きると、そらもう、人が気づかない恐ろしい影響が余儀なく我々の命の上に働きかける。それは何だというと、肉体を自分だと思って生きていくと、命の生きる力が衰えてくるんですよ。だから、まず何をおいても、第一に肉体を自己と思うような間違いは厳格に訂正しなきゃいけませんよ。

今まではお腹がいたかったりなんかすると、「ああ、私が痛い」と、こう思っていただろ。「私が痛い」という思い方を、今度は天風式にこういうふうに考える。お腹が痛いときにだね、第三者のお腹が痛いと同じような気分になってごらん。自分以外の人のお腹が痛いのと同じように、「今、俺の命を生かすために使う道具である肉体の腹のところが痛いんだ。私が痛いんじゃない。私が生きるために必要な道具のお腹が痛い」と思えばいいんだよ。

今までは洋服にほころびができると、あなた方自身にほころびができたように思っただろ。ブラウスの背中のところに穴があいたとしたら、「あっ、背中に穴があいちゃった」と思う。そうじゃない。それは着ている洋服に穴があいたんだから。繕《つくろ》えばいい。

というふうに、肉体も客観的に考える余裕をもたなきゃいけないのよ。

生存しているからこその生活

あなた方は、生きていることは、死んでいない以上はよくご承知になってます。どんなとぼけた奴でも、「いやあ、俺はひょいとすると死んでやしねえか」と思うなんて人はいない。しかし、生きているという現実の中に、「生存」と「生活」の二つの部面があることに気がついてますか。

人間が人間らしく生きるのには何をおいてもまず第一に我々は「生命の生存」を確保する「生き方」を考えなければならないのです。その次に、「生命の生活」という「活かし方」を考える。

ところが、多くの人たちは生命生存という大事なことをあまり留意しない傾向があるんです。生活に対する方法ばかり、どうすれば健全に生きられるだろう、食い物かしらん、薬かしらん、あるいは空気のいいところかしらん。つまり肉体本位に生活することばっかりを、健康獲得への唯一の手段だと考えて、まあ何年も無駄な努力を繰り返したことでしょう。で、肝心要《かなめ》の生存の方面に対しては、生存しているから何も研究する必要はないと思っている。

しかし、ここはひとつ考えてみてください。命があるから、言い換えれば、生命が生存しているからこそ生活ができるんでしょう。

病から心を放す

病める人は、その病から心を放してしまいなさい。病のとき、病を一生懸命に大事に考えていないと、病が癒《なお》らぬように思っているとしたら、大間違いである。船に乗っても、もう波が出やしないか、嵐になりはしないかしら、それともこの船は沈みはしないかしら、と考えていたならば、船旅の良さ、快適さは何もあるまい。人生もまたしかりなり!

ああなりはしないか。こうなりはしないか。すべったの、ころんだの、と考えていたら、人間、一分一刻も、安心した刹那《せつな》はないじゃないか。船に乗ったら船頭まかせ。病になったら医者まかせ。という言葉が昔からあるではないか。病になったならば、こういうことを悟ろう。

「治る病ならば、ほうっておいても治るんだ！」これを医者が聞くと納得するが、素人は「治らない病でも、お医者にかかれば治るでしょう」と思ってしまう。医者にかかっても治らない病気は治らない。治らない病は、一生にいっぺんしかない。もしあるなら二度も三度も死ななきゃならない。しかし、それまでは、その度に死にはしないんだから安心しなさい。だから病になったら、医者にかかるもよし。医者にかかった以上は医者にまかせなさい。病になったならば、病をむしろ忘れるくらいな気持ちになりなさい。病は忘れることによって治る。

心の態度で

古い諺《ことわざ》に、「陽気の発する処《ところ》金石《きんせき》また透《とお》る」というのがありますね。この言葉こそ人々に、「まずその心を、どんな場合にも消極的にしてはいけない。あくまでも積極いっぺんとうで人生に邁進せよ。そうすれば、そこに成功があり、成就があり、健康があり、長寿があるぞ」と示唆している尊い言葉であります。

だいいち論より証拠です。病のとき心がもしも病に負ければ、治る病も治りはしません。反対に、医者がさじを投げ、だんぜん治らないと決められたような病でも、心が病に打ち克《か》っているような、積極的精神の状態であると、その病が治らないまでも、医者がびっくりするほど長生きをするというような場合が、実際にしばしばあるものです。

それからまた、運命に虐《しいた》げられたときでも、やはり同じ結果がそこにくる。心がそれに打ち克てば、その人はその運命を乗り越えることができますけれども、心が万が一それに負けてしまえば、その人は哀れ憫《びん》然《ぜん》、再びその運命から立ち上がることができない。何のことはない、自分で落っこちたらいいような大きな穴を掘って、自分で落っこちているのと同じ結果をつくっちまう。

考えてみてください。心の態度がそうした大きな結果を、よいほうにも悪いほうにもつくるということを。

元気ハツラツ

日頃私が「元気か」というと、中には「元気です」と言う人もあれば「ハイ」と答える人もあるが、時には「元気だと言いたいが、元気と言える状態でないから俺は言わない」というような顔をしている人もあるが、健康や運命に関係なく、いつも元気でいられるのが人間である。

今後はこの真理を絶対に貴重な悟りとして、たとえ我が身に何事が生じようと、またいかなる事態に会おうとも、完全に生きるための根本基礎となる心の状態を、断然消極的にしてはならない。いつも「清く、尊く、強く、正しく」という積極的態度で終始しなければならない。そうすれば、自分でも不思議なほど、元気というものが湧き出してくる。

そしてその元気、つまり元の気が、ただちに「先天の一気」を呼びよせ、つまり原動力となり、健康的にも、運命的にも、すべてのことが完全に解決されてくる。元気という気が出たときに、人間と大自然が完全に結びついたことになるからである。事実、元気が出たときには、何ともいえない爽快さを感じるものである。

とにかく、元気ハツラツたる状態で生きることこそ、最も必要かつ大事なのであるから、心の置き所を常に積極的にするために、「自分は力だ」ということを、断じて忘れてはならない。

心の支配によって

人間がどう勝手に理屈を脚色しても、すべての神経系統は、肉体の支配を受けているものではなく、精神＝心の支配を直接に受け入れて、生命維持の運営作用を行っているのである。

この大事実は、いくらよい薬を用い、栄養を豊富に摂取し、その他の肉体的の方法を実行しても、心が消極的である限りは、健康一つでさえ思うように建設できず、ましてや運命開拓の力などは思いもよらないが、これに反して心がその病に負けず、また運命に脅《おびや》かされないという積極的態度を堅持できれば、あえて薬やその他の肉体的手段や方法を特に採用しなくても、十分に健康や運命を確保し得ることで明瞭に証明されるのである。

いずれにしても、心の態度が人生に与える直接的な影響は、多言する必要のないほど、切実なものであるだけに、瞬時の間といえども油断なく、その態度の積極化に努力すべきである。

心の垢《あか》を取ってから寝床に入る

夜の寝がけは、どうせ何も知らない熟睡という境涯に入る前奏曲なんだから、枕を頭につけているときには、心の中を、もう、共同便所の壁みたいに汚くして眠るってぇことは人間のすることではない。体に汚れがついていたら、寝床に入る前に、必ずきれいにしてからはいろうとするだろう。

「おい、おい、お前の鼻の頭に、墨がついているよ」「有難う。どうせ、明日の朝起きたら顔洗うから、今夜はこのまま寝るよ」てぇ奴はねぇだろう。男でも一生懸命、その鼻の頭をこすって、「どうだい、とれたかい」「とれたよ」と言うと、安心する。顔についた墨や垢《あか》はそれだけ気にするのに、心の上には平気で垢つけて眠るんだよ。あなた方は。

夜の寝がけは、それがたとえ嘘であってもほんとうでも、その考えた考え方が無条件に、われわれの潜在意識の中に、すっとはいって来る。そういう作用がどんな人間にでもあるのです。

言動に注意する

私はどんなに体の具合が悪いときでも、体の具合が悪い、と言ったことがありません。だから家の人たちが言うでしょう。

「先生が亡くなるときは、きっと、誰も知らないときに死んでしまうでしょうね」

私は二、三日たってから、よく言うことがあるんです。「一昨日だったかな。少し頭が痛かったね」これでは誰も心配してくれませんよ。もし万一、私が、「いま俺は頭が痛いんだ」と言えば、私を命の綱として頼っている人々は、必ず心配するに違いない。どんなことがあっても私は、体の具合の悪いことを言ったことがない。私の体を診てくれている医者に聞いてごらん。

「ご気分は？」「ごらんのとおり」「食欲は？」「生きているから食ってるよ」「夜は？」「よく寝るよ」。

それ以上深く問うと、「あんた、医者だろ。見た目のとおりだ。私が痛いといっても、助けてくれるどころか、あなた方、心配するばかりだよ。そうだろ。言ったからといって、何も助けてくれやしないよ。だから、言わないいんだ」。

しょっちゅう、ごらんのとおり、にこにこしているのであります。

日々愉快に生きるために

心の偉大な作用

本当に考えきれないほどの喜びと楽しみに満ち満ちている光明世界である人生を、やれ気が重いの、つまらないの、面白くないの、晴れ晴れしないの、自分で自分の心のなかに風呂敷かぶせて、そして自由にならないって、もがいていることぐらい滑稽《こっけい》なことがありますか。

心というものは世間一般の人々が考えているような小さなものじゃないんです。もっともっと偉大な作用をもつものだということを自覚しなきゃ。同時に、その作用を完全に、こうやって生きている心身、毎日の人生に応用すれば、まさしく人生はその生涯を通じて極めて生きがいのある状態で生きられることになるんです。

人生の三大不幸である病や煩悶や貧乏というものを乗り越えて、天地の終わるまで、いわゆる寿命の来る日まで、極めてこれはもう、形容のできない楽しさと嬉しさを感じながら生きられるようになれる。

その真実のありがたさをあなた方に味わわせて、本当に万物の霊長として生まれた幸福というものを握らせてあげたいという存念で、もう私の知っているかぎりの心の訓練法をお教えするということを、私は人生のモットーとしていますから。

悪人と善人

いつかある人が私に聞いたことがある。

「先生のところには、どんなことがあっても、機嫌の悪いという人を見たことがないが、誰もどんなことがあっても、お怒りにならんのはどういうわけです？」と言うから、

「それはね、俺のところはみんなね、悪人ばかり多いからだよ」とこう言ったら、その人が目をまるくして、

「先生のところは悪人だらけですか!?」

「そうなんだよ」

まだ意味がわからないから、「どうゆうわけです?」と聞くから、

「私のところじゃ、何か事が起こるだろ。そうすると、『あ、私が悪かった』とこう言う。誰でもいいから、私が悪かったってことを言って罪を背負ってしまうと、喧嘩にならない。人が一言でも、『あ、私が悪かった、そこにそれを置いたもんだから、壊れたのね』というふうに言っちまうと、これ、喧嘩にならないよ。ところが、あなた方の家庭だと、善人ばかりだからいけねえ。何か事があると、『私はいいんだ、私は何も悪いことはしてないんだ。あの人が悪いんだ』とこうなるから、そりゃ好きに喧嘩をやりだすものね」

神経過敏

神経が過敏になったら、それはもう、「風《ふう》声《せい》鶴《かく》唳《れい》逡《しゅん》巡《じゅん》忸《じく》怩《じ》」という状態になってしまうんです。鶴の鳴き声にもびっくりして飛び上がり、そよ風にもフウーッとなってしまうのが「風声鶴唳」。前へ出ようか、後ろに行こうか、立っていようか、座っていようかわからなくなってしまうのが「逡巡忸怩」。

神経が過敏だと、正当な幸福に恵まれても、恵まれたと思いません。月を見ても、花を見ても、人生生活を楽しもうという気持ちが心のなかからでてこない。見るもの聞くもの、みんな癪《しゃく》の種、心配の種になってしまう。ですから、日々が少しも安らかな、いわゆる安心立命の境涯で生きられないことになってしまうんです。

感情や感覚がしょっちゅう誇大に心のなかで暴れ回る。後から考えてみると、大して腹の立つことじゃなかったことや、別に泣くことでもなかったことでも、そのときには、五か十ぐらいの些細なことが、百、二百と感じてしまうんです。忍べば忍べることも、忍べないんですよ。これが腹立てずにいられるかとか、人ごとならとにかく、己のことを心配しなかったら馬鹿だ、と思ってしまうんですよ。

しかし、自分でいろんな屁理屈をつけて自己弁解したって、それは駄目ですよ。

笑ってごらん

悲しいな、と思って泣くでしょう。よけい悲しくなる。これがダブルページだ。腹が立った。こん畜生、と思って、やい、なんて言うと、よけい腹が立つ。反対に、今度は僅《わず》かな喜びを、非常に大げさに喜ぶと、僅かな喜びは、非常な嬉しさになる。

わからなかったら、うちへ帰って鏡を見て笑って見ろ。おかしくも何ともなくてもいいから、誰もいないところで、人がいたら変な人だと思われるから。鏡に映して、へへへへ、ウフフフ、と笑って見ろ。どんなお多福でも、笑い顔は憎いものじゃありません。うちへ帰ってやってごらん。ウフフフ、エへへへと、人知れずやってごらん。何となくおかしくなるから。おかしいな、という気分を出しただけでも、人間、心の中には愉快な爽やかさが出て来る。

凡人、真人、至人

普通の人間は、自分の嫌いな人、憎らしい人、妬ましい人、恨めしい人を、自分に近づけないで、なるべく排斥することをもっていいと思っている。

「あの人大嫌いよ、あんなもの嫌よ」と言ってるね。「どうも、あの人、好かない」と言ってるだろう。そういうものを余計にもっているほど凡人というんだぜ。

自分に親しみを自分のほうから感じせしめる人が自分の周囲に多いか。本当に心から親しみを感じる人が極めて少なく、どいつもこいつもみんな憎らしい奴ばかりではないか。それによって、凡人か、凡人でないか、本当の淑女か、偽者かということがわかる。

真の人間として生きる生き方を知って、真人《しんじん》になれば、たとえ自分の心に瞬間、憎らしいとか嫌だと感じるものがあっても、そういう人をけっして退けない。進んでそういう者と和やかに親しみを続けていく気になるが、ただその人の心にこっちが与《くみ》してはいかない。つまり、よくない方面にはけっして与さない。それが真人だ。それだけ清濁併《せいだくあわ》せ呑《の》んで、その人を排斥しない。

さらに、真人から進んで至人《しじん》になると、仲良くして、与しないばかりでなく、常にこれをよいほうへと導くことに努力する。

なぜ「心」を自由にできないのか

「何で、万物の霊長たる人間でありながら、その万物の霊長たる人間の特徴ともいうべき〝心〟を、自分で自由にできないか」

いま、申し上げたようなことを考えなすったことがありますか。わかり切ったことでわからないことが、これなんですから。

体は右むければ右むく、左むけば左むくんだが、心は腹立てちゃいけないときに腹が立ったり、心配しちゃいけないときに心配したりする。ちょいと夜、寝際だって寝ることを考えなければ寝られるのに、わかっていても神経過敏な人間はすぐ知っていることでもって、却《かえ》って自分自身を迷わせちまうことがあるでしょう。それをあなた方は当たり前だと思っているところに、当たり前でない間違いがあるんだぜ。

腹立つときは腹立つし、悲しいことがあれば泣くし、つまんないことがあれば失望しちまう。これが人間の心だと思っている。だから、「病のときに病を気にするのは当たり前だ。病を気にしなきゃ、そいつは馬鹿だ」と思っている。

しかし、馬鹿だと思われている奴が本当は利口で、馬鹿だと思う奴が馬鹿だということを知らないんだ。私もその仲間だった。

どうです、いま言ったようなことを考えたことおありですか?

ありがたい

あなた方、なかなかありがたがらないね。当たりまえだと思っている。

この間、淡路島に行っていた。朝、宿の女中が、

「まァ、もったいない、先生。お客さまがそんな、お床《とこ》なんかたたんで」

「冗談こけ。ゆうべ一晩、ゆっくり休ませてくれたこの布団に、お礼を言っているところだ」

気が変になったと思っている。私が布団をたたんで、ありがとうござ

いましたと言うものだからね。宿賃出したからには、この布団敷いたりたたんだりするのは当たりまえだけれども、私のように長い間、軍事探偵をしていて、森の中や林の中をもって、何も掛けずに、何も敷かずに寝ていた経験をもっている人間から見るってぇと、現在の生活は、ほんとうにありがたいですよ。それをあなた方は、ありがたいとは思わないんだから。金やって使っている人間がするのは当たりまえだ。礼を言うどころか、働き方が悪ければ、すぐ叱りつける。

まぁ、とにかくも、もう少し、気持ちの中をおおらかなものにしなさい。

本当の同情

現代の人々の多くは、自分じゃ気がつかないが、ほかの人の言葉や行いに、批判することなしに、いきなり自分のほうから結びついていくような状態がままあるんでありあます。消極的な他人の言葉や行いに、知らず知らずに同化するつもりがなくて同化させられ、いつしか、自分も同じように哀れな、惨《みじ》めな人間になってしまうのであります。しかも、そうした恐るべき誘惑が悪意でなく行われているんです。

第三者の不健康や不運命に対して同情することは、人間として最も尊いことですから、同情はしなければなりません。けれども、ここに注意すべき大きな問題が一つあるのは、同情を乗り越えて、相手と同様に悩んだり、あるいは悲しんだりしている人が往々にあることであります。これはとんでもない誤りというよりも、むしろ滑稽ですよ。なぜ滑稽かというと、一人の人間の不健康、不運命で二人の人間あるいは三人の人間が、そこに同じような哀れな状態をつくる結果がくるからであります。

そういうときこそ、断然積極的な心持ちで相手の落胆しているのを勇気づけてやったり、失望しているのを鼓舞《こぶ》してやるという気持ちにならなければいけないのです。それが本当の同情という心の態度なんですからね。

人間の心と宇宙の心

親子の間にしても、夫婦の間にしても、また兄弟姉妹の間にしても、ないしは友人知己の間にしても、お互いに愛し合えば愛し合うほど親しくなれて、その心の解け合う度合いというものは、心のみで味わえるもので、肉体では到底味わえない。

例えば、肉体の手と手を握り合ってみても、握り合っている以上に、幾ら密接させようとしても、そういうわけにはいかない。ところがだ。心と心は、全くそうでなく、愛し合えば愛し合う程、どんなものでも密接に二つが一つに融け合える点に、愛の心というものの尊さがあるのである。だから、何事に対しても、いつでも愛の心で対応していさえすれば、天地間の万物と期せずして融和が出来る。その結局はといえば、求めずとても万物一体の境地に入る。

これは言い換えると、人間の心と宇宙の心と、一つになれるということになるのである。もっと判り易くいえば、宇宙の心と一つに人間の心がなれれば、ここに初めて宇宙の本体も本質も明らかになってきて、当然の帰結としてこの宇宙の心が「真善美」以外の何ものでもなく、そして同時に人間の心の本質もまた「真善美」以外の何ものでもないことがわかってくる。

私の習慣

私は毎晩の寝がけに、

「今日一日、本当にありがとうございました。本当に嬉しく、ありがたく、これからやすませていただきます」

鏡を前に置いて、顔を映して、じいっと顔を見て、

「お前は信念が強くなる！」と一言いって、床の中に入る。

そして、

「今日一日、〝怒らず、怖れず、悲しまず〟を実行したかどうか」

「〝正直、親切、愉快〟に人生の責務を果たしたかどうか」

少しでも自ら省みるところがあったら、

「明日は、今日よりも、もっと立派な人間として生きるぞ」ということを心に描く。

そして、いかなることがあっても、喜びを感じ、感謝を感じ、笑いを感じ、雀躍《こおど》りして喜ぶ気持ちになって、その一刻を過ごすということが、何十年来の私の習慣である。そして、朝起きると、まず第一に、ニッコリと笑う。もう、くせがついているから、眼が覚めるとニッコリと笑う。わざわざニッコリと笑わなくても、ひとりでにニッコリと笑う。

そして、

「今日一日、この笑顔を壊すまいぞ!」と自分自身に約束する。

取り越し苦労

多くの人が気づかずに盛んにやっていることなんですけれど、〝取り越し苦労〟を当然と思っている。しかし、取り越し苦労を当然だと思う人は、何のことはない、自分の運命の墓穴を自分で掘っている愚かな人なのであります。昔の人の言葉にも、「さしあたる事柄のみをただ思え。過去は及ばず、未来は知られず」というのがあります。また、「心は現在を要す、過ぎたるは逐《お》うべからず、来《きた》らずは邀《むか》うべからず」というのがあります。

事の如何《いかん》を問わず、たとえ、本当に心配することを心配した場合でも、心配しなくてもいいことを心配した場合でも、結果は同じなんです。すなわち、取り越し苦労をすればするほど、その心の消極的反映が即座に運命や健康のうえにまざまざと悪い結果となってあらわれるからであります。

ですから、積極的精神を堅持して、自己の生命を本当に理想的に完全に確保していこうと思う者は、取り越し苦労は断然やめなければいけないのです。何の役にも立たないんですもの。むしろ「百害あって一利なし」というのが取り越し苦労なんであります。

何があっても喜びだ、雀躍《こおど》りだ

人おのおの運命《さだめ》に活《い》きる人世なれば
心おおらかに　過ごさんものを

これは、ほんの瞬間の自分の心の持ち方だ。瞬間、消極的なことは、心のなかに入れないことだ。しかし、入れないように頑張ると、心のなかで戦争しなきゃならないから、ふっといなしてしまえばいいんだよ。新幹線の列車に、まともにぶつかれば、粉々になるが、瞬間、ヒョイと、身をかわせば、列車は、すうっと通り過ぎてしまうだけだ。結局は相手にしなければいいんだ。

さあ！　どんなことがあっても喜びだ、雀躍《こおど》りだ、という人間になれるんだからなろうよ！　なれるという信念で甦ろう！

現在に感謝

明けても、暮れても、ありがたい、嬉しい、でもって送れるはずだけれども、あなた方の煩悶《はんもん》は、たいてい、自分が望むものが得られないときに起こってくるんだ。自分の欲望がみたされないときに、必ず煩悶が起きる。自分に甲斐性がなくて、それを自分のものにできないときに、それで煩悶するてぇのは、なんてこった。

一番いいことは、もしも自分の望むものが自分のものにならなかったら、現在持っているものを価値高く感謝して、それを自分のものにしてゆきなさい。こういう心がけで自分の人生に生きていくと、心のなかの煩《わずら》いというものがなくなっちまいます。

何事に対しても、現在感謝。ああ、ありがたい。何に対しても現在感謝。それより事態が悪くなっても、喧嘩にならないじゃないか。病になっても、ああ、ありがとうござんす。病になってもありがたいというのはおかしいじゃないか？　だって、死んじまわなかったんだろ。それで済んでいると思ったら、感謝したらいい。そういう気持ちを持っていると、どんなことがあっても、憂《う》いとか辛《つら》いとかいうことがなくなるんだ。朝からしょっちゅうニコニコ、何事に対してもニコニコ。

共鳴しない

何かで腹を立てたり、あるいはヒステリックに興奮している人には、事情のいかんを問わず、心を込めて、それを忍ぶことを一生懸命に勧めて、その気分を和らげることに努力しなければいけない。けっしてそれに共鳴したり、油をかけたり、けしかけたりしてはならない。

そうでなければ、その人をいたずらに不幸に追い込む手伝いをしているという、愚かなことに結論がなっちまう。

どうです? 気の合った友達なんかが何かで腹を立てたら、すぐ共鳴するのがあなた方の人生の義務のように心得ていやしないか。

「何を怒ってるの？　あの人のこと？　あの人ったらいけないわねえ。ほんとに」なんて、一緒になって言うからに、

「あなた、わかってくれるわ」

何がわかってくれるだ。そういうときに、よそからその二人の顔を見てりゃ、悪魔だ、鬼だ、般若《はんにゃ》だ。

情味は心で味わう

多くの人の特にいけないことは、生活の中の情味ということを、物質方面にのみ求めることである。生活の中の情味を味わうというのは、心の問題なので、物質の問題ではないのである。いかに豊かな収入を持ち、満ち足りた物質を獲《え》ても、心が、その生活の中の情味を味わい得なければ、あるも無きに等しい。世俗にいうところの、金持ち貧乏とか、位倒《くらいだお》れとかいう言葉は、こういう事実の形容詞なのである。これは、深く考えなくとも良識のある人ならすぐ理解できるはずである。

たとえば、客観的に、どんなに恵まれているように見えている人でも、その人が、その境遇に飽きたらず、満足感を感じていないならばどうであろう？　これに引きかえて、仮に客観的に恵まれていない、不幸な人に見える人といえども、一日の仕事を了《お》えて、たとえ乏しい食事でその空腹を満たすときでも、それが自分の尊い労役の花であり、心身を働かした努力の稔《みの》りであると、無限の感謝で考えたらどうであろう？

金殿玉楼《きんでんぎょくろう》の中にあって暖衣飽食《だんいほうしょく》、なおかつ何らの感謝も感激もなく、ただあるものは不平と不満だけという憐れな人生に比較して、本当に、人生のいっさいを感謝に振り替え、感激に置き換えて生きられるならば、はっきりとしてそこにあるものは、高貴な価値の高い尊い人生ではないでしょうか！

ともに成長するために

気高い強さ

どんな文豪のつくった小説でも戯曲でも、すぐれた人というのは滅多に中心人物に出てこないだろう。もしも中心人物にすぐれた人が出てくりゃ、小説や戯曲があまりに平和すぎて、事件がなくなっちまうわ。涙にむせんだり、血を流したりするようなことがなくなるよ。だから、小説家は、なるべくひん曲がった人間を主人公にして、テーマを豊富につくりあげることが秘訣だと思ってる。

そこで、さあ、すぐれし人、言い換えると、いわゆる昔の人が言った、すべての真理を知ってる聖賢《せいけん》（聖人と賢人）の周囲には、不運というものは絶対にこないんだ。こないというより、むしろ発生しない。

そこで知らなきゃならないのは、この聖賢というのはどういう人なんだろう。それは、心がただ単に積極的であるばかりでなく、本当の心の強さのなかに「気高さ」をもってる人のことなんだよ。

はてな、心のなかの気高い強さというのはどういうんだろうと思うだろう。それは結局要するに、卑屈にやせ我慢で強さをつくろうとするのでなくて、淡々として、少しも気張らずに強くなり得ているのを、気高い強さという。

すぐれた感覚をつくるには

自分を考えるときに、身びいきややせ我慢は駄目よ。これは一番の禁物。静かに自分自身、自分は気が弱いか、神経過敏か、つまんないことを気にするか気にしないかってことを、考えなさい。

万が一、俺は神経が過敏だとか、どうも気の弱いところがあるというふうに思う人は、精神に外界の印象を受けるとき、特別入念に吟味して、取捨分別を完全にしなきゃいけないんです。

その入念な吟味、外界の印象に対する取捨分別を厳格にするということが、勘をよくする、五官感覚の作用を優秀化するのに一番必要な手段なんだ。

何にも吟味しないで無茶苦茶に取り入れていると、その結果、精神内容は常に乱雑不純潔になって、当然心の力の働きも、その程度を極めて低くしてしまうんだ。

我々の人生の周囲に存在するすべての事柄は、取り入れ方がよけりゃ、我々の心の力を非常にすぐれたものにするけれども、反対に、取り損なうと、抗議の方面へと働きだすんですよ。

ただでさえ、現代のマスコミ時代というものは、もう消極的な事柄がとても数たくさん存在してるんだもの。

思いやり

だれにでもある心なんだからね、思いやりのやさしい心っていうのは。その心で一切の物事に接する習慣をつけろ。その尊い心の報われが……報われなんか求めなくたっていいんだけど、即座にひとりでにくるよ。これという形や色の見える物質的な報われじゃないよ。「思いやりでやったけど、一銭も貰えねえ」、それじゃあ駄目だよ。

思いやりという気持ちは、誠と愛の気持ちだから、それで人に接して、物に接するとき、自分自身の心に感じる快さ、嬉しさというものは、もう形容できません。そうだろう。「ああ、ありがとうございます」

と言って喜ばれたときに、「けっ、俺は損しちゃった」と思う人ある？ひとが喜んでる姿を見て腹が立つ奴があったら、そら鬼だよ。

キリスト教にもあるね。恵まれたときよりも、恵んだときのほうが喜びが大きいと。救われたときより、救ったときのほうが一段と嬉しい。これはお医者さんなんかがしょっちゅう経験していることでしょう。「先生、おかげで治りました」って言われると、治った者の喜びよりも、治した自分の喜びが何とも言えませんわね。

とにかく人の世のため、嫌でも誠と愛というものが出てくる思いやりの状態のまんまで生きてごらん。ただ道義上の理念だけでなく、それが人間の生きる当然の生き方だというふうに。

心の手入れ

女の人は朝起きるとすぐに、どんなへちゃでも顔の造作を直すために鏡の前で一生懸命、そらもう低い鼻ぶったたいたり、言っちゃすまないけど、いろいろとなさるでしょう。なさっていいですよ。けっして悪いとは言わない。

それと同じように、心もやったらどうだい、心も。心なんてのは、もうきたない糞溜めのなかに漬けてるようにしておいて、顔ばっかり一生懸命ぺたぺた叩いたって一体何になるんだい？　男もそうだぞ。女ばかり言ってるけど、男の方は無傷だと思ったら大間違いだぞ。

ダイヤモンドの原石を見ると、真っ黒けの墨のかたまりみたいだろ。あれを磨いてるとあんな光が出てくることを考えてみろ。心はもっと偉大な輝きをもっているんだから、どんな場合があっても理屈つけちゃいけないの。

病のときにはよりいっそう、不運のときにはよりいっそう心を積極的にするようにしなさい。人が何と言おうと、そうするのが当然だと。

「人為」と「自然」

同じ事柄がわかっているという場合にも、そのわかり方には、「理解」と「自覚」という二色ある。

さんざん理屈を聞かされて三段論法的に論理思索を秩序正しく導かれてわかるやつは「理解」なんだ。人為承認。おおむね多くの場合、あなた方の受けている教育はそれなんです。

「自覚」というのは、自然承認です。理屈を考える必要もなければ、理由を説明される必要もなく、自然と、「ハハァーン、そうか」というふうに心がうなずくのが自覚。

同じ教育を受けていながら偉くなる人は、理解を自覚のほうへ移す分量が多いための結果だという判断は、けっして軽率じゃないと言っていいんであります。

真理というものは、もちろんそれは知らないときには最初、理解から入らなければならないのが順序だが、理解を理解のままにしておくことは、人為承認なんですから信念化しません。

ただ、我かく思うというだけで、信念化しない。自覚になると、自然承認なんだから、あえて努力することは必要としないで、いつかは知らず自然と、それが牢固《ろうこ》として、抜くべからざる信念となってくるのであります。

積極的な言葉の習慣をつくる

痛くてどうにもしようがない、といって、どうにかしようがあるか。よく考えてごらん。つまらないことだ。

たとえば、時候のようなものも、暑いときでも「暑いなあ、やりきれないなあ」これがいけない。暑い寒いは感覚だからそれはいって悪いとはいわない。「暑いなあ」といったなら、あとにもっと積極的なことをいったらよいではないか。「暑いなあ、余計元気が出るなあ」と。「丸い卵も切りようじゃ四角、もののいいようじゃ角が立つ」というではないか。ところがあなた方は「ものいえば唇さむし秋の風」で、言っている

そばから自分を傷つけ、人を傷つけている。気がつかないから言ってい
るんだろう。
しかし、颯爽溌剌《さっそうはつらつ》として人生の難路を輝かしく突破して進んでいこう
とする者は、どんな場合にも自分の言葉や自分の言語で消極的な表現を
して、そして自分の実在意識を通じて自分の生命をそこない、なおかつ
それを耳で聞いている他の人の心持ちまで悪くしないようにしよう。そ
の一言一語が自分のみでなく、すべての人々にいい影響を与えるし悪い
影響も与える。だから、常に積極的な言葉を使う習慣をつくりなさい。
習慣となれば、それはもうたいした努力をする必要はない。常に善良な
言葉、勇気ある言葉、お互いの気持ちを傷つけない言葉、お互いに喜び
を多く与える言葉を使おう。

まごころの強さ

たとえば、ちょっと一杯の茶を出すのでも、「ハイ」と返事をするような些細な行為でも、そのとき、何の報償をも念頭に置かず、すなわちその人の気に入られようとか、あるいは、好感をもたせようとかいうような気持ちでなく、そこに一点何も求めるものがなく、純一無雑な「心」でそれが行われるとき、その行為から、形容のできない温かいものを感じる、それはすなわち「まごころ」というもののもつ尊さの感応である。

と同時に、いま一つ理解しておくべき重要なことは「まごころ」で行われる行為には絶対的の強さというものがあるということである。絶対の強さのあるというのは、そもそもいかなる理由があるのかというと、要約すれば「まごころ」という「心」の中には、期待というものがないから、当然失望というものがないからである。

多くいうまでもなく、失望というものは、ある期待が裏切られたときに発生する相対的心理現象である。報償を行為の対象とすると、その報償は、当然「期待」というものが付随するから、その報償が、期待通りであれば何らの失望は生じないが、そうでないと、すぐさま失望の気持ちが発生する。すると期せずして、その行為にムラがでてくる、したがって当然その強さというものが、失われがちになるのである。すなわち、これが何事をなすにも、報償を超越してなすべしと、力説するわけなのである。

理解と自覚

理解と自覚はまったく違う。理解というのは、ただわかったというだけであり、自覚というのは、本当に自分の魂に受け入れたことなのである。どうも多くの人々は、理解ということだけで、感謝したり、あるいは非常に大きな法悦《ほうえつ》と感じたりするような馬鹿馬鹿しいことを、大変価値のあるように考えている。

一番先に必要なことは、諸君の心の中に存在して、悩ませ、迷わせ、悶えさせている雑念、妄念、というものを除き去らないかぎりは、どんなことを聞いても、わかったということが、直ちにわかったということにならない。

　自覚というのは結局、その雑念妄念を払い除《の》けて、自分の知識の中に受け納めたものでなければならない。そうすれば、病が起ころうと、どんな運命に見舞われようと、決して自分の心の強さというものを弱める気づかいはない。

　まことに人生真理の自覚ということは、人生を不調和に陥れたり、またはは人生を破壊する兇悪な運命から、魔の手を防ぐくろがねの楯のようなものである。

怒りはすぐに消す

そりゃあ、私だって人間です。裸にすりゃあ、へそはやっぱり一つですよ。修行して、インドへ行って難行苦行したから、へそが三つになったわけじゃないんだから。だから、私だって、そりゃあ腹の立つこともあれば、悲しくなることもある。特に怒ることは、私は自分でも恥ずかしいくらい、のべつ怒ってたという人生だったんです。今でもときどき、そういう気持ちが出ますよ。

こう言うと、「へえー、じゃあ天風、あんまり偉くないね」「あんまり偉くねえんだ」「それじゃあ、俺たちと同じじゃないか」「そう。同じ人間だもの」。

ただ、違うところが一つある。どこだというと、同じ怒る、同じ悲しむんでも、「あ、今、天風先生、怒ったな、今、天風先生、悲しんだな」と、あなた方に見えないうちに消しちまう。パパッ、パパッと。

あなた方は、怒りだしたり、悲しみだすと、そらもう派手ですぜ。すぐ第三者に、「あ、怒ってる、悲しんでる」とわかるようにやりだすね。

そうして、わからせたうえに、これがまた実に、ほかのことじゃ辛抱強くもないのに、そういうときの感情だけは実に念を入れて長く続かせるね。それを執着と言うんですがね。

想像の作用

想像の作用というものは、人間の観念活動のなかに何人《なんぴと》にでも存在する心理現象です。現在の事実を中心として、それをいろいろと心のなかで脚色し、あるいはそれを伸ばしてみたり、縮めてみたり、または全然現在の自己の人生に存在しない事柄をもいろいろ広く大きく、ああだこうだと思い考えること、これを想像という……てなことは小学校のときに教わってるね。

ところが、その想像の作用というものが、やがて、特に組織的で、しかも現実味を多分にもつと、立派な理想の根底をなし、さらにその結果、理想を事実化するという実際消息を多くの人はあまり知らないんですよ。実際、想像の作用には、理想をつくり、人格をつくり、あるいはその人の運命をつくるというような、あらゆる影響を一番先に与える。

しかし、自分の希望する人生状態や、日ごろ自分の心でああなりたい、こうしたいという事柄を、なにかというと無制限に拡大し、引き伸ばして考えるという場合が多いんですよ。想像を組み立てろといっても、ただやたらに馬車馬的な想像じゃいけない。それを考えないでやっていると、想像している種類によっては、反対に人格を向下《こうげ》し、品性を堕落せしめ、運命を壊し、人生を価値なくする恐れがある。

人のふり見て

ことわざに「人のふり見てわがふりなおせ」というのがあるが、他人の言葉や行為をやたらに批判する人というものは、人のふりにわがふりを正しく照合して、わがふりを是正しようとはしないで、ただあしざまにそれを批判するだけなのであるから、したがってその批判から少しの価値あるものも、わが心に感得しない。せんじつめると、みだりに他人を批判することを本位として、少しも自己省察を行わないがために、人生に何よりも大切な自己自身の統御ということに、少しの進歩も向上も顕現《けんげん》しないのである。要は、他人のアラや欠点を詮索することを止めて、自分のアラや欠点のほうも詮索することである。

禅家の訓《おし》えにも、「ときどき払拭《ふっしょく》して塵埃《じんあい》を止まらしむるなかれ」というのがある。

他人のことはすぐわかるが、自分のことはなかなかそう容易にはわかりがたいものだなどというのは、それは凡人の言いぐさである。真に自己省察なるものが、人生向上へのもっとも高貴なことであると自覚している者は、この言葉を断然排斥して、他人のことに干渉する批判という無用を行わずに、常に自己を自己自身厳格に批判して、ひたむきに自己の是正に努力することを、自己の人生に対する責務の一つだと思量すべしであるとあえていう。

誠と愛の心で

他人の喜ぶような言葉や行いを、自分の人生の楽しみとするという尊い気分になって生きてごらん、今日から。それがなかなかできそうもないって言ったら大間違い。人間の心の底には、どんな人間でも情け深い思いやりというものがあるんだよ。

それが、「誠と愛の心で一切に応対せよ」ということになるんだから。そのためには自分の情け深い気持ちを出しなさい。情け深い気持ちがもとになって、心の誠も愛の情も、また自然と親切という気持ちも出てくるんだ。人間の最高のものが、常にドンドンひらめき出してくる。

難しく考えなくていいんですよ。そういう気分で生きることが、いちばん人間としてやりやすい生活なんだから。思いやりや情け深い気持ちを出すのに非常に骨が折れる?

第一、その裏には何の悩みもないもの。情け深い思いやりをしたら、とっても寝られないほど辛かったとかね。意地悪いことをやったり、人を怒りつけたり、小言を言ったりしたときの後腹《あとばら》が、はるかに嫌な気持ちしやしないか。昔から言うじゃないか、怒る者よりも怒られる者のほうが気は楽だって。反対に言えば、怒られる者より怒る者のほうが苦しいんですよ。

勇気づける言葉

相手のいった言葉にひっかからないようにしなさい。すぐひっかかってしまうんだから、わざわざひっかかりにこっちから行くあわてものがいる。

とにかく一日の人生を生きるときに、お互いの気持ちに勇気をつける言葉、喜びをわかち合う言葉、聞いても何となく嬉しい言葉をいい合おうではないか。

人間の気持ちは誠におそろしいものである。たとえ医学上からみれば助からないような病人の枕元に行っても、こちらが元気で積極的態度のときには、その人間の状態がずうっと良くなってしまうものだ。私はそれで、どれほど危篤になっている人間を助けてきたかわからない。「さあ心配するな！　俺が来たからもう大丈夫だから、いいか！　俺が駄目だといったら覚悟しろ。俺が駄目だといわなければ大丈夫だから！」というとずうっと勇気が出てくるものです。

だから私はいつもいう。お互い勇気づける言葉、喜びを与える言葉というような積極的な言葉を使う人が多くなれば、この世は期せずして、もっともっと美しい平和な世界になる。

敵は恩人

日本の昔の武士というものは、大義名分に生きることを人生のモットーとしておったために、どんな場合があっても敵を愛していた。敵を憎むという行為をけっしてしなかったんだ。

つまり、早い話が、自己の存在は相対的なものがあってはじめて、その存在を確保できるという、大変難しい話だけれども、物理の反射作用というものが自己存在を意識的に確実にせしめる。

もっとやさしい言葉でいいましょう。相対《あいたい》するものがいなかったら、自分は孤独ですぜ。孤独だったら、自分の存在というものの価値は、誰が一体これを定めてくれるかっていうことです。

剣豪宮本武蔵が日本六十余州、ただ一人の剣客だと言われるに至ったのも、佐々木巌流小次郎という強い相手があってこそでしょう。そうすると、武蔵の強さを知らしめた小次郎は、なるほど敵対の言葉をもちうると同時に、武蔵にとっては、武蔵の強さを証明してくれた恩人になりますよ。こういうことを考えてみたときに、これをただ単に、そうした力と力との勝負のこととして考えちゃいけないのよ。

人生の出来事のすべてに対しても、自分の人生の前にあらわれるものは、みんなこれは、自分というものの価値認識のために必要な、相対的な尊いものだと、こう考えるのが一番いいんですよ。

幸福な人生をおくるために

幸福というものは

幸福というものは、決して、現在の自分の環境が変わったとか、あるいは富の程度が変わったからということで感じるものではない。

なぜかというと、幸福というものは客観断定にあらずして、主観の断定にあるからです。はたからどんなに幸福そうに見えてもそれは幸福とは言えないんですよ。本人がしみじみ、ああ、私は幸せだと思えないかぎりは、本当の幸福を味わうことは出来ない。

それはちょうど、はたから見て、あの人間は金がありそうだな、と見えても、本人に金がなければ何もならないでしょう。はたから見て、あの人間は丈夫そうだな、と見えても、本人が丈夫でなければ何もならないのと同じことです。

はたから見て、どんなに幸福そうに見えても、あなた方の精神生命のあり方が、根本的に切り替えられないかぎりは、幸福は来ないのであります。

本当に大切なもの

ここに面白い話があります。古代神話です。

昔、悪魔がある町に現れて、「今日から、お前たちのものをすべて俺は奪い取ることにする。しかし悪魔にも情けはある。明日までに残しておいてほしいものを一つだけ書き出せ。それ以外のものは一切、俺が奪い去るからな」と言い残して、悪魔はひとまず立ち去った。

さあ、町の人はてんやわんやの大騒ぎ。「俺はお金だ」「俺は食いもの」「私は家だ」「いや、私は名誉だ」「私は宝石よ」と、それぞれいろいろなものを書き出した。あなた方だったらどうする？　悪魔はたった一つだけしか見逃してくれないんだぜ。

させてさて、一夜明けてみると、その町にはなんと、たった一人の人間だけしかいなくなっていたとさ。

もう、わかったね。金だ、家屋敷だ、やれ宝石だ、やれ何だと書き出した人々は、もっとも肝心な「命」を忘れていたんだね。たった一人だけが「命」と書いていたので生き残ったというお話です。

金だ、家だ、仕事だ、名誉だ、愛だ、って、確かにみんな大切なものではありますが、命あってのものでしょう。それ以外は所詮は人生の一部でしかないんですぜ。

罰当たりな現代人よ、人生の一部が手に入った入らないで、悩んでいないか……。

いのちの力の使い方

いのちの力の使い方——結論からいうと、これは極めて短い言葉で表現することができる。すなわち、「力を入れることに重点をおかずに、力を働かすことに重点をおく」——これである。

ところが、世の中を見てみると、その日々の生活を行う際、この力の使い方を考えないため、かなりに力の無駄使いをしている傾向がある。何事に対しても、力の無駄使いくらい無意義なものはない。いたずらに疲労のみ過大する以外、何ものも「実」にならないからである。俗に骨折り損のくたびれ儲けとはこのことである。

剣の極意は「変機に処する以外には、いたずらに力を入れぬこと」であり、これが臨機応変の要訣《ようけつ》である。人生生活を完成するいのちの力の使い方もまたこれ以外にない。実際、日々の暮らしにも、ただ力の入れ通しでは、いたずらにいのちの消耗を大きくするだけである。

よりもっと気楽な、堅苦しくない、言い換えれば、円転滑脱《えんてんかつだつ》、のびのびした気分で、力をスムースに働かすといった生き方でないと、多端な人生を生きていく力が、長く保てないことになる。ましてや、今日のような複雑な感覚のある時代に生きていくのには、一層に「いのちの力の使い方」ということは、もっとも大切なことである。

情味を味わう

私は、いつも思う。

世の中の人の多くは、なぜもっと生活の中の情味というものを味わって生きようとしないのかと。というのは、世の中の人々の生活への姿を見ると、たのもしい積極的な生活をしている人が事実において極めて少なく、おおむね多くは、消極的な、勢いのない力弱い生活に終始している人が多いからである。

これというのも、せんじつめれば、生活の中の情味というものを味わって生きようとしないからで、その結果は、ただ悲しいとか、苦しいとか、腹が立つとか、辛《つら》いとか、人生の消極的方面にのみ、その心が引きつけられて、いささかも大きい楽しさを感じないで、ただ生きるための努力のみに、二度と現実に還《かえ》って来ない日々を、極めて価値なく過ごしてしまわねばならないという無意味な人生を終始させることになる。

だから、真に生きがいのある人生に生きようには、何としても、われわれは、自分の人生生活の情味というものを味わうということを心がけるべきである。否、厳格にいえば、この心がけが欠如した人の人生は、いかに地位ができようと、また仮に富を作り得たとしても、しょせんは、無意義で、空虚で、荒涼たるものになる。

暗示の感受習性

あなた方も考えてごらん。

あなた方が四六時中使っている言葉……。自分の言葉に自分が尊敬を感じるような言葉をいっているか！　自分のことをいうときに自分自身を知らないで、自分の生命を一寸刻みに馬鹿馬鹿しいことを平気でやっている。そういうことを悪いと考えないでさかんにおしゃべりしていると、自分自身ばかりでなく、それを聞いている人の生命にまでよくない影響を与えてしまう。

人間の精神生命の中には、暗示の感受習性というものがある。だから、たった一言をいうのも、この暗示の感受習性というものが、必ず、自分が気がつかなくても、ものの声に応じたように感じる。感じると同時に潜在意識に対して、そのとおりの状態が働き出すのである。そして、潜在意識の状態が実在意識の状態に同化してくるのである。

その結果が気高い言葉、神聖な言葉であり、いい替えれば、積極的な言葉を表現した場合には、生命の一切が極めて状態の良い事実になって現れてくる。けれども、万が一、消極的な、怒り、悲しみ、悶え、迷い、そして悩みが遠慮なく口から出されるという場合には、もう怖ろしい結果を神経系統の生活機能に与えてしまうのである。

今日という日

ふたたびは　来らんものを　今日の日は
　ただ　ほがらかに　活《い》きてぞ　たのし

悲しくば　あす悲しまめ　今日の日は
　光うるおしく　吾《わ》れを　照らすを

　明日という日は、永久に来ないから、こういったのだ。諸君は、今夜、寝て、起きれば、明日が来る、と思っているだろう。寝て、覚めて、明日になってごらん。明日が、今日になるから……。だから、明日という日は、日向《ひなた》の影法師と同じで、いくら追いかけても摑まらない。だから、悲しくば明日悲しめばいい……。明日悲しもうと思って、翌《あく》る日、目が覚めると今日になるから、また明日になる……。

すべては心が生み出す

ためしにあなた方、自分の周囲を見てごらん。何かわかることがあるから。いいかい、目にふれるすべての物は一切合財《いっさいがっさい》、宇宙の自然創造物以外の物すべて、人間の心のなかの思考から生み出されたものでしょう。もうどんな物でも、ちりっぱ一枚でも人間の心のなかの思い方、考え方から生み出されたものじゃないか。

それがそうだとわかったら、あなた方の一生も、またあなた方の心のなかの思い方、考え方で良くも悪《あ》しくもつくり上げられるものだということがすぐわかってくるはずなんだ。

もっと哲学的な言い方で言うならば、あなた方の心のなかの思い方、考え方が、あなた達を現在あるがごときあなた方にしてるんだ。

あなた方は、自分が現在あるのは、あなた方の心のなかで思っている考え方がそうつくったとは思ってないだろう。原因的なものを全然考えないで、これは俺の蒔《ま》いた種じゃないと思ってる。

ところがそうじゃないんだよ。自分の念願や宿願、つまり現在自分がああなりたい、こうなりたいと思っていることが、叶う叶わないということは、それが外にあるのではなくして、みんなあなた達の命のなかに与えられた心の思う力、考える力のなかにあるんだ。

本当の欲望というのは

天風哲学は、積極性をもって人生に生きよという教えであります。だから「欲を捨てろ」なんて、そんな消極的な、できないことは大嫌いだ、私は。もっと人生は積極性を発揮して、大いに欲望を炎と燃やせと私はあえて言う。それでなければ、本当に偉い人間はできやしないよ。

がしかし、ここだ。ここで慎重に考えるべき大きな問題が一つあることを忘れちゃいけないんだ、欲を炎と燃やすについちゃ。エイヤッといって、何でもかまわず炎と燃やしちゃいけないんだよ。欲望には、燃やしてりゃ燃やしてるほど苦しい欲望と、燃やしてりゃ燃やしてるほど楽しい欲望と、二色あるんだよ。

叶わない欲望を心に描くと苦しいんだ。そうなんだよ、悩んだり苦しんだりする欲望は、真理のうえから論断すると、欲望とは言えない、欲望の格好をしている、一つの違ったものだと私は言いたい。本当の欲望というのは楽しい欲望のことで、欲しがりゃ欲しがるほど楽しいのが本当の欲望なんだ。だから、すべからく楽しめる欲望を炎と燃やしなさいと言いたいんであります。そうするとその欲望を燃やしゃ燃やすほど、何とも言えない、人生が豊かなものになるんだよ。これが天風哲学の主張する、燃やしなさい、燃やしなさいという欲望なんだ。

他動的でなく、自動的に

本当の幸福というのは、人生がより良く生きられる状態に自分ですることなんです。自分でしないで、ほかからしてくれることを待ってるかぎりこやしないよ。自分の現在の生活に自分の心がまず満足しなきゃいけないんだよ。

つまり、自分の生きがいを感じる状態をもっと気高いところにおかなきゃいけない。美味いものでも食って、いい着物着て、面白いことでもしたら生きがいがあると、こう思うところに、本当の生きがいはないんだけどもねえ。

ちょっと難しいことを言わせてもらうが、喜びの生活の主題は、感覚的享楽を、精神的にも肉体的にも善なるもので肯定することにあるんだよ。それを他動的じゃなく、自動的に。

だから、私はとらわれた道徳観を排します、昔からある今までの。理屈をどんなにもっともらしく言っても、人間の本質を正しく考えるときに、自分の心が尊く感じたときが一番尊いんだから。はたから、あれは尊いんだと言われても、自分が尊いものと感じなかった以上は尊くないんだからねえ。それが本当の生活価値を認識したことになるんだ。

そういうふうになると、今度は人間の生物的本能である感覚的享楽も非常に気高いもので制限されるようになりゃしない？

理　想

「理想」というものは、心理学者はこう言っています。「継続せる組織のある連想」。これをやさしく噛み砕いて言うと、ある組み立てのある考え方がそのまま継続してる状態を「理想」と言う。

また、純粋哲学の立場から論じると、理想というものは立派な「自己を生かす宗教」だと言えるのであります。もっとも現代人の考えている宗教は、自己を生かされるためにあるものが宗教だと、こういうふうに考えているから、自己を生かす宗教というような言葉はピンとこないかもしれないけど……何かあると、自分の力で自分を救い上げていこう、導いていこうというような、人間としての本当の自覚がなくて、すぐ自分以外の人間の力なり、神の力に頼ろうとする。

確固不抜の理想、いわゆる組織の完全に具体化された考え方、思い方が、いっこうに変わらない状態で自分の心にあったら、理想そのものが自分の人生を立派にリードして、自分というものを、どんな場合があろうとも迷わせない。ちょうど立派なレールの敷かれた上を快速力で列車が走ると同じ状態で、人生を生き抜いていかれるわけだ。

それはなぜかというと、継続せる組織のある連想、言い換えれば理想ほど、人の心を勇気づけ、また積極化するものはないからであります。

自分で蒔《ま》いた種

自然界に存在する人間への掟はまことに厳しい。しかもこれは永久に変わらず、その昔から永遠の将来まで、証として実存している。

真理は峻厳にして侵すべからず。間違った生き方に対する正しい心構えが万一にも用意されないと、たちまち、事実が反省を促します。

その反省を促す事実とはいかにといえば、病なり不運です。

どうも現代の文化教養を受けている理知階級は、人生に侵すべからざるコンペンセーション（報償）の法則があるということに対して、正しい自覚をもっていない傾向を私はしばしば事実として感じさせられるんです。

どんなことであろうと、事の大小は問いません。自分の知る、知らないとを問わない。すべての人生の出来事は偶然に生じたものじゃありません。アクシデントというものは、自己が知る、知らないとを問わず、必ず自己が蒔いた種に花が咲き、実がなったんです。

「生きる心構え」というものに正しい自覚が、そして反省が、常に油断なく行われていないで生きると、全然自分が気のつかないような悪い種を、健康的にも運命的な方面にも蒔いてしまうんです。

満足する習慣

人間は、腹がへったときに何かうまいものが食えりゃ幸いだと思うし、デパートにでも行って、「ああ、あの着物」と思ったときにすぐ、「買ってやろうか」と買ってもらったら、「ああ、幸福だ」と思うだろう。

まあ、それも不幸だとは言わないけれども、本当の人生の幸福とはどういう幸福だというと、簡単なんですよ。人生に何の悶えもないときが一番幸福なんだ。ああ、あれが欲しい、これがこうなりたいというときは、もう幸福じゃないんだよ。一つの要求が出てくると、それが満たされるまでは少しも幸福を感じやしない。

ただ現在与えられたものをもって満足するという、いわゆるその分に安《やす》んずる習慣をつけなさい。これが難しいようで、実は易しいんだが、易しいことを難しいように考えるのが人間だ。

「ありのままに我ある世とし生き行かば、悔いも怖れも何ものもなし」

ただ現在与えられたところを試しにヒョイと振り返ってごらん。そうすると、人生に悶えというのは、そう湧いてこないから。

信念のある理想

現代の人間たちは、何か自分が思いたった、考えついた、やってみようかなあという気持ちの出た事柄が長続きしない。長続きしない理由の第一は、思ってみたものの、考えてみたものの、やってみたものの、どうもうまくいかないから、「もう俺はあかんわ、駄目や」、こういうふうに思うからいけない。それは理想じゃなく、ただ夢みたいな、うわごとみたいな気持ちを心のなかに描いただけだよ。

理想には信念が必要なんです。信念がつかないと、どんな故障が出ようと、文字どおり万難を突破してもその理想の完成《かんせい》成就《じょうじゅ》へと勇猛邁進《ゆうもうまいしん》しようとする力が、分裂しちまうんだよ。ところが、信念が出ると、理想の完成成就へと勇猛邁進させる力がその心にひとりでにもたらされるというより、ついてくる。

案外、理想もなく生きてる人が多いんだぜ。何か理想があるように自分で思っていても、それは理想になっていない。ただ、ああ、あったらいいなあ、というような考え方だけしかない。それは理想でなく、欲望だもの。

人生を日々、極めて有意義に生きようとするのには、常に自分の人生理想を明瞭にその心に描いて、変えないことです。チョコチョコ変えちゃ駄目なんだよ。

今をどう生きるか

何事につけ、今日以後の人生に対する計画、つまり明日どうしよう、今後どうしようということを考えることは非常に必要ですけれど、もっともっと大切なことがあるんだよ。

それは何だというと、たった今を正しく生きるにはどうすりゃいいだろうということ。これをたいていの人が忘れちゃいないか？　明日はどこへ行こう、明後日は何をしようと考えて、現在ただいまを、ちっとも尊く生きていない人がありゃしないか。

いま一生懸命、人を欺くことに努力している人もあるだろうし、くだらない金儲けに一生懸命に努力している人もあるだろうし、行きたくもない警察に呼ばれて叱られている人もあるだろう。現在ただいまをどう尊く生きるか、これをしょっちゅう考えることを自分の念頭から離しちゃ駄目だ。

人間も自然物

西哲の言葉にも「自然に従うもの自《おの》ずから栄え、自然に背くものは、自ずから亡《ほろ》ぶ」というのがあるが、人間は、あえて非常な苦心をせずとも、自然法則に順応して生きるかぎり、健全な生活を営み得るようにつくられている。

我々人類は、哲学的に論議しても、また科学的に考査しても、大自然がつくった自然物の一つである。多く言うまでもなく、自然物の一つである以上は、当然、自然の法則に従って生活せねば、その生存を確保持続していくことが不可能なことは、あえて言うまでもない。

およそ自然界に存在する自然物はその何種を問わず、詳しく観察すれば、いずれも皆自然の法則に順応随従しておるもののみが存在しているので、自然の法則に背《そむ》いているものは、絶対に存在していないのが事実である。

この現実に立脚して考えるとき、人間が、真の健康を確立し、無病でかつ長寿でその全生涯をまっとうするには、何をおいても第一に自然法則に順従して生活することが、犯すべからざる厳粛なる人生の鉄則だと断定される。

理論と実行

とかく、特に理智階級者は、理論探究を先にして、充分理屈が納得されてからでないと、方法の実行に努力しないという傾向が顕著である。もっともそれなどは、まだよい方で、なかには理論批判だけに没頭して、方法の実行を為《な》そうとしない人さえ往々にある。

万一そういう態度をとると、いつまでたっても本当の自覚を把握することができないこととなる。いわゆる「学んでいよいよ苦しみ、究めていよいよ迷う」ということになるからである。いたずらに理論理解を本位とすることは、労多くして効少なしの結果に陥るから、その点くれぐれも注意されたい。

そもそも「行」とは何かというと、「人の人としての働き」ということなのであるから、行修とか修行とかいうことを、特別のことのように思うのは大間違いなので、そう思うとただ単なる方法一つでも、行うにすこぶる億劫《おっくう》を感じることになる。

要は、一切の手段方法を、日常生活のなかに織り込むことである。否、方法のすべてを、実際生活そのものと為すことである。そしてはじめて、本当に行ずることとなり、人の人としての働きを為したことになるのである。

幸せか不幸か

人間の幸いとか、不幸とかいうものは、結果からいえば、生活の情味を味わって生きるか否かによるといえる。貴賤貧富などというものは第二義的のものである。実際いかに唸るほど金があっても、高い地位名誉があっても、生活の情味を味わおうとしない人は、いわゆる本当の幸福を味わうことは絶対にできない。もっともこういうと中には、現代のようなせちがらい世の中、いささかも面白味を感じることの少ない時代に、生活の中から情味を見出せよなどということは、ずいぶん無理な注文だと思う人があるかもしれない。

その生活に負わされている負担とか犠牲とかいう方面のみを考えると、およそ人間の生活くらい苦しく、つらく、悩ましいものはないと思われよう。しかし、もっともっと立体的に人生というものは観察すべきである。すると、期せずして生活の範囲の広いことと同時にその内容が、ちょうど精巧な織物のように、極めて複雑な色模様でちりばめられていることを直感する。その直感なるものが、生活の中から、相当楽しく、面白く、愉快で、スウィートだと思えるものを、かなり量多く見出してくれるのである。だから、われわれは、常に注意深く、日々の自己生活の中から、できるだけ多分に、情味を味わうように心がけねばならぬ。

絶対愛

悪とは何？　と問えば、よくないこと、悪いことであると平然と答える。そしてよくないこと、悪いこととはどんなこと？　と問えば、善でないことだ、と答える。しかし、これでは、どこまで行っても、要領を得ない、いわゆるうやむやなこんにゃく問答に終わることになる。

そこでしからば、善なるものの真意義はといえば、これを哲学的にいうならば、絶対愛の発露された心意、またはその心意を基盤としてなされる行為！　ということになる。しこうして、絶対愛とは、何らの怨憎《えんぞう》嫌忌《けんき》のない、純真無垢《じゅんしんむく》＝純一無雑《じゅんいつむざつ》の愛の心情を指していうのである。

だからもしもわれわれの心情に、ある者、ある事だけには愛の気持ちを感じうるけれども、事と者によっては、どうしても愛の情を感じないなどというのは、真の善心の発露とはいえない。たとえば、わがものには愛を感じるが、自分に関係ないものには愛を感じないなどという愛は、偏った愛で、決して絶対愛ではなく、しいていえば相対愛という価値のないものなのである。

よりよい仕事をするために

初一念《しょいちねん》を貫徹する

古来から、儕輩《さいはい》の群を凌《しの》いで名をなし、業を全うした、いわゆる偉人傑士と呼ばれる人々がおります。

あの有名な、出世頭ともいうべき、東洋では豊臣秀吉、西洋ではナポレオン、この二人はともに、あの時代に、普通からいったら出世できない身分の低い人であります。それが、何と秀吉もナポレオンも、わずかな年月の間に立派に兵馬の権を手にして、天下に君臨しております。また、フランクリンやワットやエジソンのごとき、そのほか、偉大な発明や発見をあえてした人々は、いずれも心の態度が積極的でありました。

どんな大変な苦労に遭遇しても、不撓不屈《ふとうふくつ》、その強い心で何事、何物にも脅かされずに、よくこれを乗り越えて、そして初一念《しょいちねん》を貫徹したのであります。否、初一念を貫徹する強い心があの人たちを成功させたのであります。

ということを考えてみるときに、特に私が念を入れて強調したいことは、積極的精神というのは、決して先天的なものじゃないということ。言い換えると、後天的に人間の修行や努力では、どんなことをしても完全につくり上げることができないもののように、多くの人が思い込んでいるのは大変な間違いだということを、まず一番にはっきり自覚されたい。

眼鏡の曇りを拭くように

いろいろなエラーやミステイクを承知してやる奴はいないだろう。知らずにやってしまう。忘れ物ひとつだって、はっきり覚えて忘れてくる奴があるもんか。そうだろう。うっかりするからこそ忘れてくる。

エラーだのミステイクだのっていうものは、自分が自分の心に対する注意を怠ったばかりに、心それ自体がとぼけちゃったからそうなるんだよ。もう言うほうが恥ずかしいくらいわかりきったことなんだもの。諸事万事を行う際に、はっきりした気持ちでしなさい。

ちょいと考えると、いかにも億劫で面倒くさくて、「いちいち何かするたんびにはっきりした気持ち、そらとんでもねえことだ」と言うけれども、たとえば考えてごらんよ。かけている眼鏡が曇ったら、曇りっぱなしにしておく？　必ず眼鏡をかけている人だと、曇っているかいないかを見て、曇っているとハァーッと息を吹いて拭いているじゃないか。曇っているときに、「まあいいや、このまま曇ったままでかけとけ」って言ったら、何にも見えないもの。

それと同じことだということを考えたらば、心をピンボケにして使っちゃいけないんだってこともわかりそうなものだがなあ。難しくも何ともないんだよ。それが精神使用法の根本原則なんです。

時は金なり

物質本位の実利主義者は、「時は金なり」というこの言葉に心からの共鳴を惜しまないであろう。しかし、金は失っても取り返すことはあえて不可能ではないが、時はいったん失ったら永久に現在の意識に決して戻って来ない。

厳格にいえば、「時」というものが「尊厳なる実在」であるにもかかわらず、物象的存在でないだけにどうしても観念想定に傾向していく。するとどうしても、「時」というものに対する観念が相対的になって、真実に「時」を人生至上のものという、いいかえれば本当に「時間」を重んじ守るという絶対感が希薄になり、その結果絶対に再現しないであろう時、すなわち何としても取り返しのできない「現在」という時を、徒費《とひ》または空費《くうひ》してしまうことになる。

否、この種の人が、現代の世の中にいかに多いかである。そのため、もっと成功もでき、もっと幸福になれる人生を、案外くだらなく経過させてしまっている人が事実において少なくない。

極言すればあくびする時間も、くしゃみする時間も、とりかえせないのである以上、瞬間といえども軽々《けいけい》に徒費すべきでなく、心して有意義に使って生きるべきだと厳《おごそ》かに自戒していただきたい。

慌てない

人間というものは男女の別なく、いかなる場合にもその人生に生きる際、慌ててはいけないのである。

というのは、人生に生ずる錯誤や過失というものは、その原因が、心が慌てたときに多いからである。慌てるというのは、またの名を周章《しゅうしょう》狼狽《ろうばい》というが、これは心がその刹那《せつな》、放心状態に陥って、行動と精神とが全然一致しない状態をいうのである。言い換えると心があってもなきに等しい状態になるのである。だから、さまざまの過失や錯誤が生ずるのも当然である。

そしてそういう心になると、時には笑えない滑稽ともいうべきミステイクさえ行うのである。たとえば、手に持っているのを忘れてその物品を紛失したと早合点して、大騒ぎして探すなどという、常識ではとうてい考えられない珍芸さえ演出するのである。

すなわち、結論的にいえば、真に沈着な心こそが、明澄《めいちょう》なる意識を生み出し、明澄なる意識こそがその行動を截然《せつぜん》として遅速緩急誠によくこれを統御するものである。すなわち武道の極意を把握するものや、その他技神に入るような堪能精錬《たんのうせいれん》の人は、皆この真理にしたがっているからなのである。

認識力の養成

今日の人々は、いたずらに知識のみに重きを置いて、そして知識を増やすこと、磨くことばっかりを努力していて、「認識力の養成」ということをおろそかにしている。

認識力のほうをおいてきぼりにして、知識ばかり説いていると、学べば学ぶほど苦しくなり、極めりゃ極めるほど迷ってくる。なぜかというと、正しい知識を分別する力がなくなっちゃう。どんなに、学問を勉強して、知識内容量を多くしても、心のもつ認識力というものがすぐれないと、本当の人生、幸福というものを自分のものにすることができない結果がくるんです。

もし知識だけ磨いて人間が幸福になれるなら、学問を一生懸命勉強した人はみんな幸福になれそうじゃないか。そして、学問を勉強しない人はみんな不幸であるべきはずだが、そうじゃないでしょう。

回帰百万遍、理屈べらべら言う奴が、案外人生をのたうちまわって生きている場合が多い。

倦《う》まず弛《たゆ》まず屈せず

私がこんな研究しにくい学問を研究したのは、科学の研究と違って、哲学の研究というのは主観断定の論理思索ばかりですから、文献考証もなきゃ、ただもう考えて考えて考え抜いていくだけの努力だ。それを未だに捨てないのは……七つのときでした、花合わせの札《ふだ》でもって、小野《おの》道風《とうふう》が傘さして、蛙《かえる》が柳に飛びついてるところの絵を見て、いつも不思議に考えた。子供だから何だろうと思って。

それで母に聞いたら、小野道風という人はお公家様なのに、字が下手で、学問がなくて、歌が下手。悔しいけれども、生まれつきできないんだと諦めて、ある日、雨上がりの庭を散歩していると、蛙が柳の葉に何べんも飛びついちゃ落っこって、ばかな蛙だなと見ているうちに、何十回かの後にヒョイと飛びついたのを見て、あっと思った。

それから一生懸命に、倦《う》まず弛《たゆ》まず屈せず、歌道に精進し、書道に精進して、ついに日本一の人になったっていう話を母に聞かされたことがあるんです。子供心というものはありがたいもんだね。

こういうことを研究し出した後も、時によると、もう駄目だと思うことが何べんかある。けれど、ヒョイとすぐそれを思い出す。

無《む》礙《げ》自《じ》在《ざい》

常日頃、気を散らさないで物事を行う心がけを実行してますと、習うより慣れろで、どんな複雑なことに出合っても、いつもはっきりと澄みきった気持ちで何の渋滞もなく、片っ端からぱくぱく片付けていけるようになる。

また、そういう気持ちをもっている人間には、どんなことがあっても面倒くさいってことはないんであります。つまり、トラブル、騒ぐという気持ちはどんな場合があっても感じません。することなすことがすべて楽しみに振りかわっていく。お経に書いてある「無礙自在」というのはこれなんです。何にもとらわれていない。

よい習慣をおつけなさいよ。日にたとえ一時間でも二時間でもいいから、この時間だけはと、何の汚れも濁りもない澄みきった心でやろうぞ、という習慣を。そういう習慣の生活をするようになると、心の状態に何ともいえない余裕が出てくるんですよ。どんな場合にも慌ても驚きもしない。どんな用事の多いときでも、忙しくてたまらない、なんてことは言いませんよ。

はっきりした気持ちでいくと、心が物にとらわれないで、心の前に現れたものをみんな心のなかに受け入れる。これがコンセントレーション（集中）なんだ。

実際に歩き出す

「実行」ということがおろそかにされると、どんないい方法を聞いても、その理解がリアライズ（現実化）されず、リアライズされないと、結局、空中に楼閣《ろうかく》を描いた結果になってしまいます。

たとえば、知らない土地に行った。目的の場所がわからない。その土地の人から目的の場所に行く道筋を聞いた。その道筋をどんなに詳しく説明され、わかったとしても、教わったとおりに実際に歩き出さなきゃ目的の場所に着きっこないでしょう？

ところが、このわかりきったことが、頭じゃわかっていても、いつかときが経つとピンボケになってしまう。理屈だけはわかっているが、実行のほうがおろそかになってしまっている人が多い。実行というものが、いつしか自分の努力のなかから影を薄くしてしまっているんです。

その証拠に、青年時代には、相当に、自分の人生に対する将来図を理想としてもっていたとしても、青年から中年になって、青年時代に描いていたあの華やかな夢を、本当に現実化している人というのは、極めて少ないいんですよ。

ですから「実行にうつせ」という言葉のなかには、深長な意味が豊富に含まれているということに気づかなきゃ駄目だよ。

正しい向上の希望

心のなかに常に正しい向上の希望をもたない人間は、流れない水に等しく、その人生に何の変化もなきゃ、また運命のごときも何のことはない、蓋《ふた》をした壺のなかに入れておかれるのと同じで、さらに少しの意義も発揮しない。

どうだい？　青年のなかにも、ただもう生きていられるから生きている、まあどうにかなるだろうというような気持ちでもって生きてる人がないか。

よく学生に「おまえ、将来何になるの」と聞くと「まだ決めてません」

と答える人がいるでしょう。厚かましいよ。決めてないで生きてる。よくまあ厚かましく、決めないで生きていられると思うんだけれども、そういう人が多いんだよ。

青年の間は、心のなかに常に正しい向上の希望をもって歩かなきゃ駄目だよ。偉大な発明、偉大な発見、あらゆるすべてのこの地球上における人類の進化、向上は、夢をもった人間がこれを現実にし、そして、その結果、人間の世界に良い方向を与えてるじゃないか。

なに気なしに行わない

何事に対しても、まずそのものの中から何かの興味を見出すか、またはつくり出すかして、どんな興味のないものに対しても、必ず意識を明瞭にして応接する習慣をつくるようにする。もっとわかりやすく言えば、何事を行う際にもけっして「なに気なしに行わぬ」ことを心がける。

これを「有意《ゆうい》注意力《ちゅういりょく》」というんだが、これが習慣化されてくると、自然と注意が注がれる範囲が拡大されていって、一度に多数または多方面に自分の注意を困難なく振り向けられるようになってくる。言い換えると、やたらにくだらない不必要な消極的観念が心のなかを占拠して、有意注意力をかく乱するということがなくなってくる。

その当然の帰結として、連想力が正確になり、いわゆる思想の整理が自然に巧妙になされるようになると同時に、記憶力がすこぶるよくなるんです。どうしてかというと、いったん心の前に置かれた事物の一切をその心に深刻に印象づけて、細大漏《も》らさず心のなかの記憶の倉庫内に入れてしまうからだ。

だから、いつも何事でも自分の好むことを行うときと同様に、気を込めておやりなさい。

「残　心」

得意感を心が感得した際は、たいていの人がたちまち有頂天になって、その結果として心の備えを緩《ゆる》めがちである。そして、心の備えを緩めると、それが誘因《ゆういん》となって運命や健康上に、往々にして軽視することのできない破綻《はたん》をひき起こすことが、事実的にすこぶる多い。

これをもっとハッキリ理解するには、武道のほうでいう「残心」ということを、正しく考察するのが最もよいと思う。「残心」とは、闘い終えたときの心構えということを意味するのである。すなわち、闘い終わったときも闘う最中と同様、かりそめにも安易に心を緩めるなかれということなのである。

特に勝利を克ち得たときは、この心構えを厳重にすべしと戒めている。なぜならば、誰でも勝利を得ると、勝った！という得意感＝安心感が即座に心に生ずるものである。すると同時に心の備えに緩みが生じて、武道家の最も怖れる隙というものが付随して生じるからである。

この隙というのは、心理学的にいうと、「放心から生ずる有意注意力の欠如」という心理現象なので、この心理現象が精神生命の内容に発生すると、心のもつ応変可能な自在性という大切なものが萎縮される。これもとどのつまりは精神生命内に内在する一種の報償作用なので、そうなると当然、心の働きが萎縮的になって、さらに心身相関の結果として、自然と肉体の活動も消極的な束縛を受けることになる。

まごころとは

よく、世俗の言葉に、これはさすがに金のかかっているだけに、よくできている、ということがある。がしかし、その場合、金がかかっているから、まごころもこもっているとはいえない。

また、その場合、その報償の多寡《たか》で、まごころのこもり方に差異があるとしたら、そのまごころなるものは、報償の多寡に左右されるものだから、厳密にいえば、まごころというべき尊厳なものでなく、しいていえば念が入れられたとか、丁寧にされているとかいう言葉で形容すべきが妥当である。

いずれにもせよ、人間の行為に、まごころのこもってなされるのとその「否」との場合は、その結果の事実のいかんにかかわりなく、その行為の「尊さ」というものに、すこぶる格段の相違がある。

反省とは自発的にするもの

そもそも反省ということは、その人自身が、自己の心の成りゆきや推移に対する現在状態を、その人の本心良心に反映せしめて、熟考する心意を指していうものである。したがって、反省という心意は、厳密にいうなれば、どこまでも自発的のもので、決して他発的なものではないというべきである。

かるがゆえに、この特殊の心意識の発動を、第三者から促すことは可能であるとしても、いかなる権威者といえども、他人にこれを強要する権利は絶対に与えられていないというのが真理である。

しかるに、事実に照らしてみると、往々にそうでないことを、しばしば見聞する。そして、その強要に応じないと極度にその人の悪口を言い、盛んに憤慨激怒《ふんがいげきど》する人がいる。その上さらに、それが、感情や理性の判断のみで考えられたことであるのに気づかずに。

要するに、その原因は、難しくいえば「人生は現実と精神との中に、その思索を振り向ける省察（反省）の深さによって、その正邪の結論が決定される」という絶対真理を自覚していないがためである。

西哲の言にも「優れた人は、自己を責めて、人を責めない」というのがある。私がしばしば揮毫《きごう》する六然訓句《りくぜんくんく》の中にも、「厳然自粛《げんぜんじしゅく》」というのがある。いずれも、その真意相通ずるものであるのを熟慮されたい。

真の平和とは

家庭以外の人に対しては自制できることも、家庭内においては断然自制できない。それどころか自制する必要がないようにそれを当然の態度のようにさえ思っている人がいかに多いかである。よくよく考えてみれば、家庭生活の大部分を感情重点主義で行われているような人が、自分自身自己のその点を知る知らざるとを問わず、それが習性化されている人々が社会や国家を形成している限りは、勢い世界平和というものは、その実現の日を遠い将来におかざるをえなくなると思われる。なぜならば、感情重点主義の生活を行う家庭には、真の平和というものがないからである。

真の平和とは、お互いに克己《こっき》し、お互い自制し、お互いに相譲り、相敬い、相愛し、相たのしみ、相導き、相助け合う、という完全調和の美しい気持ちが、家庭組織の各個々人にもたれているということが、何よりの先決条項である。

したがってこうした真の平和生活のでき得ない人々が相集まって結成した社会国家が、どうして真の平和を成就することができるであろうか。

なおあえていう。「請《こ》う先《ま》ず隗《かい》より始めよ」のたとえの通り、真の世界平和建設の重要な要素は、いうまでもなくすべての個人個人の家庭生活をまず真に平和なものとすることに努力すべきである。

意欲の結果

私が事業家にいいたいのは、ここだ。

宇宙の真理に背いた、自分本位の欲望でもって、しようとしたことは、そう滅多に成功するものではない。事業に成功するのは、自分が欲望から離れて、何かを考えたときに、また、その考えたことを実行したときに成功するのだ。

同じ事業家でも、欲の固まりでやる者と、「この仕事で、世の中の人のために、本当に役立つものを提供しよう」という気持ちでやるのとでは、その結果が全然違うのである。

真実を見極めるために

心とは広大無辺なるもの

この広大無辺といわれる大宇宙。およそ大宇宙というものは、この世の中で一番大きなものと誰でも考えている。とにかく、果てしのわからない大きなものなんだからね。

しかし、その果てしのわからない大宇宙よりも、人間の心の方が大きいんだぜ。

あなた方が晴れた夜、星のきらめく空を見ただけでも、見上げている空は大きいものの、見ている方の心はそれより大きいじゃないか。月を見てたたずめば、心は見つめられている月よりもさらに大きいことを考えられやしないか。星を見てたたずんでいるときに、その星を見て考えている心のなかは、その大きなものを相手に考えられるんですから、それ以上大きなものじゃないか。という簡単なことを考えただけでも、いかに人の心が一切を凌《しの》いで広大無辺であるかということがわかってくる。

思いを深くして考えてごらん。この幽玄《ゆうげん》微《び》妙《みょう》な神秘の数多い世界のなかで、人間の心だけにこうした尊い偉大な働きが与えられてあるのはなぜかということを。

科学と真理

現代人は、特に科学一点張りの理智教養をうけた人は、何かの説明をほどこす際、「科学的」という言葉を用いると、やにわにこれを何か絶対真理のように早合点するという傾向が顕著にあるようである。しかし、静かにこれを考査すると、およそ科学的理論考証には二つの区別があるはずである。

すなわち、絶対真理を説明したものと、いま一方は、こうもあろう？という推定仮説に科学的理論思索をほどこして説明したものとの二種類である。前者は、たしかに尊敬すべき偉大な知識であるに相違ない、がしかし後者は、ただその説明態度が科学的だというだけで、それが果たして絶対真理であるかどうかは、いわゆる未知数のものである。

ところが、その未知数圏内のものを、「科学的」という言葉に重きを置いて、絶対真理のように思い込むのは、けっして学問に対する真摯の態度とはいえない。現にヘッケルもドリュースも、この種の状態をscientific fraud（科学的迷妄）と呼んでいる。

すなわち、科学的と言いさえすれば、それを絶対真理のように早合点して、他に真理を求めようとしない誤りを言ったのである。これは、よく理解し、反省に値する教訓であろう。

調和

調和ということは、厳粛なる宇宙本来の面目であり、かつまた人生の実相であると同時に、生きとし生ける生物の生命の本来の姿なのである。言い換えると、調和ということは、万物存在の絶対に侵すべからざる尊厳なる自然性なのである。

この世界にある様々な出来事のなかでも、自然的に発生する出来事をこまかく看察《かんさつ》すると、そのいずれもすべてが、この宇宙の本来の面目である調和という自然性の発動する現象であることがわかってくる。すなわち、雨にせよ、風にせよ、雪にせよ、氷にせよ、極言すれば、天変地異、地震、噴火、台風、津波等も、また人間の生命に生ずる疾病違和も、宇宙摂理より生じてくる尊い大自然の発動現象なのである。一切をできるだけ完全な姿にするべく、言い換えれば絶対調和の状態にするべく、その不備と欠陥とを是正しようとするための自然性の能動作用なのである。

であれば、政治であれ、事業であれ、さらには人事世事一切合財、調和がすべての完成へ重要な役割を果たすので、どんな思想でも主義でも、また計画でも設計でも、調和を無視した考慮では、とうていその完成は現実化されないのが当然なのである。

心にないことは生じない

こんなこと考えたことあるかな？　何でも「自分に責任はない、あいつが悪いんだ、こういうことが悪いんだ」といって、責めを他に負わせようとするのが普通の人間の常識じゃないか……。

およそ人間の身の上には、その人の心のなかにないことは生じないんだぜ。みんなこれがわかってない。思ってもいなかったことが、現実の自分の人生にできあがったといっても、それを自分が無意識的に思っていたことに気がつかないで、意識的に思ったこと以外には思ったことじゃないと、こう思ってる。

だから、実在意識が、感覚的に思ったことだけが思ったことで、感覚できない潜在意識のなかで描かれた絵図が、現実の格好に浮かびだしてきた場合には、ちっとも自分には責任がないと感じる。要するに無意識の意識がその原因をなしているんだ。

人間の身の上には、その人の心のなかにないことは生じない。言い換えると、すべての出来事は、心の内部から、自分が知る知らざるとを問わない、心の内部から掲げられた合図によってつくられる。

我々人間の生きてる背後には、始終そこに、その人の思い方のとおりに物をつくろうとする力が控えてるよ。現象の背後には必ず実在あり、ということだ。

真理を自覚する

本来人間は、改めて真理をいろいろ説き聞かされるまでもなく、この世に生まれ出たときから、絶えず真理に接し、真理の中で生きているのである。

しかし、ちょうど魚が水の中で生きていながらそれを知らないのと同様に、真理の中にいながら、この真理をなかなか自覚することができないのは、要するに心の中に雑念妄念があるためであり、本当に心が清い状態であれば、真理はすぐに発見できる。

ちょうど頭の上から帽子をかぶせられているように、きれいな心の上に雑念妄念がおおいかぶさっているために、真理の中に生きていながらその真理を悟ることができない。

祈らずとも

あなたがたは、抽象的で、あまりにも漠然としたものを、やれ、神だ、仏だ、と思っているが、では「神とはどんなものか」と聞かれたら、どう説明するか。見たことも聞いたこともないものに、説明の与えられるはずはない。そう思うと、何となく安心が出来るといったような、同時に、自分が一番の信仰というようなものを、何となく気高いと感じる、という感じで考えられるだけではないだろうか。だから私から言わせれば、やれ神だ仏だ、といっている者は、安直な気休めを人生に求めている哀れな人だといわざるをえないのだ。

第一、もし、あなた方が考えているような神や仏が、この世の中に存在したら、この世界に戦争などあろうはずがないではないか。キリスト教の人間たちが、地球をも破壊するような原爆や水爆を、考え出す必要もないじゃないか。もし本当に、あなた方が思うような神や仏があり、それに信仰を捧げたなら、即座に、神や仏のような気持ちになれそうなものではないか。

本当の真理から論断すれば、何も神や仏だのと頼らなくてもよろしい。むかしからの歌にもある。

心だに　誠の道に　かないなば　祈らずとても　神や守らん

自己の本体

心や肉体というものはうわべだけで考えると人間そのものであるかのように見えるが、実はそうでなく、わかりやすく言えば、心や肉体というものは、人がこの世に生きるのに必要ないろいろの方便を行うための道具なのである。

およそ人間の生命のなかには、心および肉体よりも一段超越した、しかも厳として存在する実在のものが一つあるはずである。

試しに考えてみるとよい。諸君が諸君の心や肉体の存在を意識的に自覚したのは、おそらく生後三年か四年の後であったであろうと思惟《しい》する。そこであえて自らに尋ねてみることである。自分自身、心や肉体の存在を意識的に自覚しなかった当時、諸君というものは存在していなかったかどうか？　言い換えれば、諸君の生命は生存していなかったかどうかである。

我々の生命は自分自身や肉体の存在を意識的に自覚すると否とに関係なく、既にその以前から立派に存在していた。

すなわち、我々が、各自の心や肉体の存在を自覚しなかった以前から我々の生命を確保していたものこそ、我々の真我＝自己の本体で、それが、とりもなおさず真正の自己なのである。

この世は美しい

この世の中は、苦しいものでも悩ましいものでもない。この世は、本質的に楽しい、嬉しい、そして調和した美しい世界なのである。

ところが、多くの人は、これを信じないどころか思おうともしないで、苦痛と、苦難と、失望と、煩悶に満たされているのが、この世界であると考えている。

「ああ、幸せだなあ、と思うようなことは、運命的にも、健康的にも、一度も味わったことがない。だからそう簡単には思えない」という人がいるならば、それは結局、心の態度が変わっていないからで、心の態度を変えない限り、思いたくとも思えない、第一、思おうとする気持ちが出てこないのである。

さびついた車は、回そうとして油を注いでも回らない。まず、さびを取ることである。そうしないと、苦痛や苦難をそのままいきなり自分の心のものにしてしまう。

たとえ人生に苦難や苦痛はあろうとも、それを心の力で喜びと感謝に振り替えていくのである。心が積極的になれば、振り替えることが出来るのである。

本当の心のすがた

本当の心の世界には、人を憎んだり、やたらにくだらないことを怖れたり、つまらないことを怒ったり、悲しんだり、妬《ねた》んだりするというような消極的なものはひとつもない。あるように思えるのは、そこに悪魔の心が入り込んでいるからだと、ヨガの哲学では説いているのです。心本来の姿は、八面玲瓏《はちめんれいろう》、磨ける鏡のように清いものだ。その清い心にいろいろ汚いものを思わせたり、考えさせるのは、それは心本来が思ってるんじゃない、悪魔がその心の陰で悪戯《いたずら》してるんだ、と。

なるほど、この考え方はいい考え方だ。自分が心配したり、怖れたりしているときに、その思い方、考え方を打ち切りさえすれば、もう悪魔はそのまま姿をひそめるわけだねえ。

光明を人生に輝かせようと思っても、そうした気持ち、心持ちにならないかぎりは輝いてこない。だから、「きょう一日、怒らず、怖れず、悲しまず」と、言っているじゃないか。この「怒らず、怖れず、悲しまず」こそ、正真正銘の心の世界の姿なんだ。

静かに自分自身、考えなさい。何かで怒ってやしないか。何事かで悲しんでいないか。それとも何か怖れていやしないか。すべて消極的な気持ち、心持ちが心のなかに出れば、自分が批判する前に、自分の心それ自体が非常な不愉快さを感じるからすぐわかるだろう。

〈出典一覧〉

●財団法人天風会発行

『真人生の探究』
『研心抄』
『錬身抄』
『哲人哲語』他

●その他出版社発行

『成功の実現』(日本経営合理化協会)
『盛大な人生』(日本経営合理化協会)
『心に成功の炎を』(日本経営合理化協会)
『君に成功を贈る』(日本経営合理化協会)
『叡智のひびき』(講談社)
『真理のひびき』(講談社)
『運命を拓く』(文庫・講談社)
『天風先生座談』宇野千代(文庫・廣済堂出版)

財団法人天風会

〒112-0012　東京都文京区大塚5-40-8 天風会館

TEL：03-3943-1601　FAX：03-3943-1604

URL：http://www.tempukai.or.jp

中村《なかむら》 天風《てんぷう》 略歴

1876年（明治9年）7月30日、東京府豊島郡（現東京都北区王子）で生まれる。本名、中村三郎。1904年（明治37年）、日露戦争の軍事探偵として満州で活躍。帰国後、当時死病であった奔馬性肺結核を発病したことから人生を深く考え、真理を求めて欧米を遍歴する。その帰路、ヒマラヤの麓でヨガの聖者カリアッパ師の指導を受け、病を克服。

帰国後は実業界で活躍するも、1919年（大正8年）、突如感ずるところがあり、社会的地位、財産を放棄し、「心身統一法」として、真に生きがいのある人生を生きるための実践哲学についての講演活動を始める。同年、「統一哲医学会」を創設。政財界の有力者をはじめ数多くの人々の支持を受け、天風哲学として広く世間に認められるようになる。昭和15年、統一哲医学会を天風会と改称。昭和37年、財団法人の設立許可を受け、現在にいたる。

1968年（昭和43年）12月1日逝去、享年92歳。著書『真人生の探究』『研心抄』『錬身抄』他。

ほんとうの心の力

2006年6月9日　第1版第1刷発行
2024年11月26日　第1版第46刷発行

著　者　中村天風
監　修　財団法人天風会
発行者　永田貴之
発行所　株式会社ＰＨＰ研究所
東京本部　〒135-8137　江東区豊洲5-6-52
ビジネス・教養出版部　☎03-3520-9619（編集）
普及部　☎03-3520-9630（販売）
京都本部　〒601-8411　京都市南区西九条北ノ内町11
PHP INTERFACE　https://www.php.co.jp/
組　版　朝日メディアインターナショナル株式会社
印刷所
製本所　ＴＯＰＰＡＮクロレ株式会社

ISBN978-4-569-65443-0